K-디저트

전통과 현대를 품은 트렌디 한식 디저트

K-디저트

전통과 현대를 품은 트렌디 한식 디저트

초판 1쇄 발행	2022년 07월 29일
초판 2쇄 발행	2023년 06월 09일
지은이	정운경·김정희·이수연
펴낸이	박남균
펴낸곳	북앤미디어 디엔터
등록	2019.7.8. 제2019-000090호
주소	서울시 영등포구 국회대로 675, 9층
전화	02)2038-2447
팩스	070)7500-7927
홈페이지	the-enter.com
책임	서재용
편집	디엔터콘텐츠랩
북디자인	디엔터콘텐츠랩
해외출판	이재덕

ⓒ 정운경·김정희·이수연, 2022, Printed in R.O.Korea

이 책은 신저작권법에 의해 보호를 받는 저작물입니다. 저자와 북앤미디어 디엔터의 서면 허락 없이 내용의 일부를 인용하거나 발췌하는 것을 금합니다.
제본, 인쇄가 잘못되거나 파손된 책은 구매하신 곳에서 교환해 드립니다.

ISBN 979-11-977707-3-9(13590)
정가 21,000원

K-디저트

전통과 현대를 품은 트렌디 한식 디저트

정운경·김정희·이수연 지음

주전부리의 대중화·한식 디저트의 세계화·와인과의 페어링

백설기	 무화과약식	 감자찹쌀떡	 퓨전유자단자	 색편강
 떡티라미수	 카네이션앙금쿠키	 꽃산병	 흑임자꽃다식	 인삼편정과
 커피곤약젤리	 금귤정과	X-MAS 도시락떡케이크	 딸기롤떡케이크	 금귤화채
 장미꽃음료	 오미자화채	 사과계피에이드	 벚꽃라떼	 아카시아꽃음류

북앤미디어 디엔터
Book&Media

PROLOGUE

자연이 주는 선물, 햇볕과 비와 바람의 결실이 담긴 쌀로 만든 우리의 병과는 과학적이고 체계적이며, 더욱이 조상님들의 지혜가 담겨 있습니다. 그 지혜를 바탕으로 하얀 싸락눈을 닮은 쌀가루로 찌고 굽고 치고 삶아 지지며 다양하게 시도해 보는 떡과 한과는 '시간의 미학'이라 생각합니다.

혹자들은 우리 떡과 한과가 쿠키나 빵에 익숙해진 아이들의 입맛에 맞지 않는다고 합니다. 그러나 떡과 한과도 시대에 맞게 변화하며 우리의 입맛에 익숙해지도록 변화하고 있습니다.

디저트 문화가 발달하면서 떡과 한과를 비롯한 우리의 전통 디저트는 젊은 세대들의 관심과 사랑을 받는 디저트로 자리 잡았고, 나아가 소통의 매개체로 거듭나고 있습니다.

거기에 서양의 빵이나 쿠키와 결합하여 시대의 트렌드에 맞는 또 다른 형태의 먹거리로 재탄생하여 과거와 현재를 잇는 K-디저트로 탈바꿈하였습니다.

요즘은 외국인들도 한국의 먹거리를 찾아 먹고 마시며 큰 관심을 보내고 있어 우리의 먹거리가 세계인들에게 낯설지 않은 디저트 문화로 친숙하게 다가가고 있습니다.

이런 시기에 저희는 퓨전 디저트와 전통, 디저트 음청류인 마실거리까지 다양하게 실어 보았고, 이 책을 만나는 분들이 쉽게 따라 하실 수 있도록 레시피 과정 하나하나를 사실적으로 표현하였습니다. 우리의 재료로 정성껏 담아낸 최고의 맛과 레시피로 우리 주전부리의 대중화와 한식 디저트의 세계화에 작게나마 기여할 수 있도록 늘 노력하겠습니다.

저희 작가들은 이 책이, 이 시대를 대표하는 주전부리 안내서가 되기를, 또한 우리나라를 넘어 세계인의 디저트 안내서가 될 수 있기를 소망합니다.

지난 겨울 디엔터 박남균 대표님의 제안으로 K-디저트 책을 만들어 세상에 내놓게 되었습니다. 물심양면 도와주신 박남균 대표님께 진심으로 감사드립니다.

꼼꼼하고 언제나 유쾌한 김정희 대표와 멋진 푸드 스타일링으로 요리의 품격을 높여 준 이수연 대표. 이들과 작업하는 동안 원팀의 면모를 과시하며 힘들어도 즐겁게 웃으며 일할 수 있어 더없이 행복했습니다.

와인 페어링 원고에 도움을 주신 세종대학원 동문 오동건 박사님, 사진으로 예쁘게 담아 준 도영찬 작가님, 감각 있는 편집으로 요리를 돋보이게 해 주신 디엔터 편집부 모두에게 감사드립니다.

끝으로 언제나 바쁜 세 엄마를 지지하고 힘이 되어 준 세 가족들, 늘 내 편이 되어 아낌없이 응원을 보내 주는 사랑하는 친구들 그리고 저희와 함께 이 길을 걸어가는 선배, 동기, 후배님들! 늘 사랑하고 감사합니다.

2022년 여름

정운경·김정희·이수연

CONTENTS

프롤로그 004

| PART I | 준비 과정 |

도구 014
재료 022
고물 만들기 030
떡 만들기의 기본 032

PART II | K-디저트 : 주전부리 1

백설기 038
칡피찰떡 042
무화과약식 046
단호박꿀설기 050
꽃산병 054
큐브흑임자인절미 058
감자찹쌀떡 062
고구마찹쌀파이 066
쑥버무리 070
약편 074
두텁찹쌀타르트 078
퓨전유자단자 082
카네이션앙금쿠키 086

해시드포테이토쌀스콘 090
떡티라미수 094
찹쌀브라우니 098
흑당퐁당꿀떡 102
찜카스텔라 106
보자기찹쌀부꾸미 110
펌킨미니떡케이크 114
오레오촉촉미니떡케이크 118
초코퐁당찹쌀떡 122
X-MAS 도시락떡케이크 126
딸기롤떡케이크 130
호두찰빵 134

PART III　K-디저트 : 주전부리2

- 호두강정 142
- 곶감단지 146
- 회오리깨강정 150
- 금귤정과 154
- 퓨전약과 158
- 색편강 162
- 개성주악 166

- 견과오븐강정 170
- 인삼편정과 174
- 붉은팥밤양갱 178
- 흑임자꽃다식 182
- 파인애플구움과자 186
- 커피곤약젤리 190

PART IV　K-디저트 : 마실거리

- 오미자화채 198
- 금귤화채 200
- 떡수단 202
- 모과생강차 206
- 여왕의 차 208
- 황제의 차 210

- 장미꽃음료 212
- 아카시아꽃음료 216
- 과일막걸리 220
- 사과계피에이드 224
- 유자에이드 228
- 백설라떼 232

부록 K-디저트 : 와인 페어링 236

PART I

준비 과정

도구
재료
고물 만들기
떡 만들기의 기본

1_ 도구

기본 도구

1 계량컵, 계량스푼

가루나 액체 등을 계량할 때 사용합니다. 계량스푼은 1TS/1큰술/15cc, 1ts/1작은술/5cc입니다. 계량컵은 200ml을 사용하고 스테인리스 양면 계량스푼을 사용할 것을 권합니다.

2 저울

정확한 중량을 측정하기 위해 사용하는 전자저울입니다. 1g 단위의 정밀 계량이 가능하고 용기의 무게를 제외하는 영점 조절 기능을 가진 저울을 사용합니다.

3 스크래퍼

쌀가루를 평평하게 다듬을 때나 떡을 자를 때 주로 사용합니다.

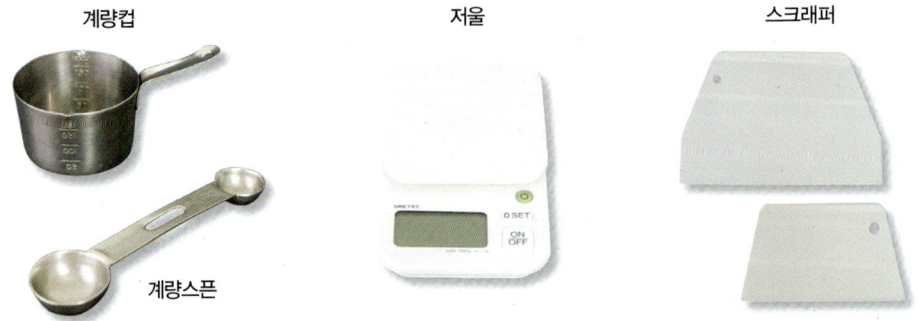

계량컵   저울   스크래퍼

계량스푼

4 **찜기**

찜기는 대나무 찜기와 스테인리스 찜기를 사용합니다. 25cm, 27cm, 30cm 크기의 대나무 찜기는 가열된 물이 떨어지지 않아 편리하지만 전처리나 보관에 신경을 써야 합니다. 스테인리스 찜기는 보관 시에 곰팡이가 생기거나 망가지는 경우가 없어서 편리하지만 가열된 수증기 물이 떨어지므로 찜기 뚜껑에 마른 면보를 씌워 사용합니다.

5 **물솥**

물솥에 물을 2분의 1 정도 붓고 찜기를 올려서 떡을 찔 때 사용합니다. 대나무 찜기와 스테인리스 찜기 모두 사용 가능합니다.

6 **스테인리스 볼(휘핑볼), 중탕볼**

쌀가루에 수분을 가할 때 사용합니다. 30cm 크기의 스테인리스 볼을 사용하면 작업하기 용이하며 볼이 깊은 스테인리스 볼은 크림을 만들 때 사용합니다. 중탕 볼은 초콜릿을 중탕할 때 사용합니다. 크기별로 용도에 맞게 사용합니다.

7 **중간체, 고운체, 손잡이체**

가루류를 내릴 때는 보통 28cm의 중간체를 사용합니다. 고운 가루를 체를 칠 때는 체망의 간격이 촘촘한 고운체를 사용합니다. 손잡이체는 재료를 조린 후 물기를 제거할 때나 윗면에 고운 가루를 뿌릴 때 사용합니다. 입자의 굵기에 따라서 체망의 굵기를 선택할 수 있습니다.

찜기

물솥

스테인리스 볼(휘핑 볼), 중탕 볼

중간체, 고운체, 손잡이체

8 면보

면보는 스테인리스 찜기의 물이 떨어지는 것을 방지하기 위해 뚜껑에 씌워서 사용하기도 하고 찰떡을 찔 때는 옆면 활용을 위해서 바닥에 깔고 찌기도 합니다.

9 시루밑

시루밑은 위생적인 실리콘 소재로 찜기 바닥에 깔아 줍니다. 떡이 달라붙지 않고 위생적이며 반복적으로 재사용합니다.

10 타이머

작업을 할 때 원하는 시간을 세팅하여 사용합니다.

11 실리콘 붓

떡을 찌고 난 후 기름을 바를 때 사용합니다.

12 실리콘 주걱

실리콘 재질의 주걱으로 반죽을 섞거나 식용 색소를 넣고 앙금을 조색할 때, 다양한 크림을 만들 때 등 떡을 만드는 과정에서 다양한 용도로 사용합니다.

13 떡장갑

떡을 찌고 내릴 때나 떡을 치댈 때 손에 화상을 입을 수 있으니 떡 장갑을 착용합니다. 위생적인 실리콘 재질의 떡 장갑을 착용합니다.

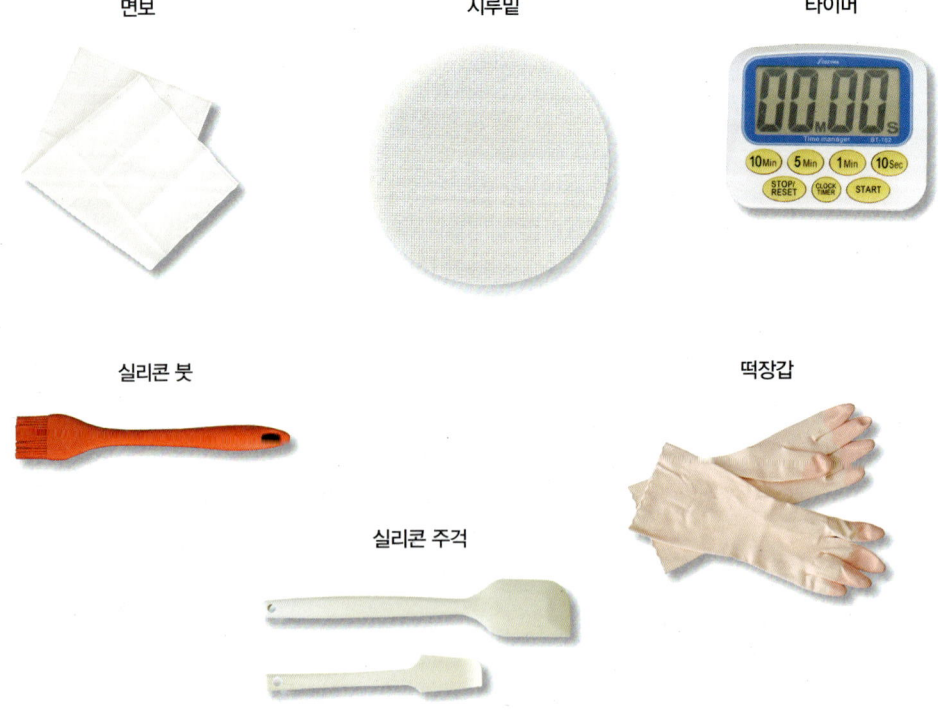

면보   시루밑   타이머

실리콘 붓   떡장갑

실리콘 주걱

14   밀대

떡 공예나 떡 반죽 또는 강정 등을 밀 때 사용합니다. 아크릴 재질의 밀대를 사용하면 편리합니다.

15   오븐팬(타공판, 식힘망)

갓 구워낸 쌀 디저트의 모양을 유지하고 식혀 주는 도구입니다.

16   테플론시트, 유산지, 종이 포일

물과 기름에 강한 천연 펄프 재질의 종이 포일과 유산지 그리고 높은 내열성을 가진 테플론 시트는 쌀 디저트를 구울 때 바닥에 깔아 주면 달라붙지 않습니다.

17   실리콘패드

찐 떡을 치대거나 밀대로 밀 때 떡 반죽이 달라붙지 않아서 바닥에 깔고 작업을 합니다.

18   떡비닐

찐 떡을 치댈 때 사용합니다.

밀대

오븐팬(식힘망)

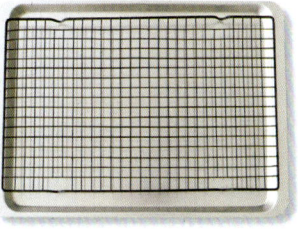

실리콘패드

테플론시트, 유산지, 종이 포일

떡비닐

19 거품기
크림, 우유, 달걀 등을 저을 때 사용합니다.

20 핸드믹서
다양한 크림을 만들거나 간단하게 찰떡을 펀칭할 때 사용합니다.

21 궁중팬(웍, 프라이팬)
떡을 삶거나 부재료를 조리할 때, 한과 작업이나 지지는 떡을 할 때 용도에 맞게 크기별 팬을 사용합니다.

22 긴 나무젓가락(튀김용)
기름을 사용하는 작업을 할 때 뜨거운 기름에 손이 데지 않게 긴 나무젓가락을 사용합니다.

23 조리온도계
손쉽게 온도를 측정할 수 있는 조리 온도계에는 비접촉 방식의 적외선 온도계와 디지털 온도계가 있습니다.

웍

프라이팬

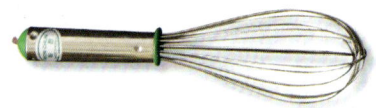

거품기

긴 나무젓가락(튀김용)

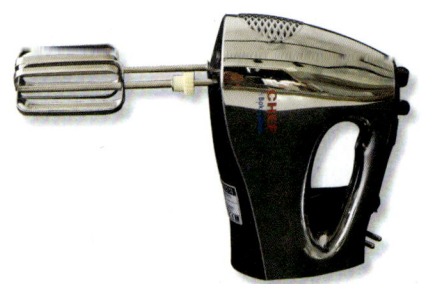

핸드믹서

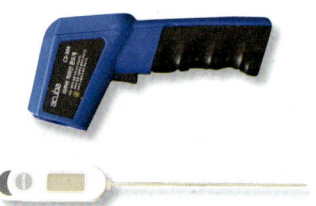

조리온도계

모양 도구

1 무스틀(원형틀 2호, 미니 설기원형틀, 미니 원형틀)

떡을 만들 때 무스틀을 이용해서 다양한 모양과 사이즈의 떡이나 과자, 케이크 등을 만들 수 있습니다.

2 칼금판

설기를 찔 때 찌기 전 칼금판을 이용해서 커팅을 하면 일정한 사이즈의 깔끔한 떡을 완성할 수 있습니다.

3 떡도장

떡을 찌기 전 쌀가루 위에 또는 절편 위에 모양을 내주는 도구입니다. 나무 재질과 아세틸 재질의 떡도장이 있고, 격자, 국화, 매화, 수레바퀴 등 다양한 모양의 떡도장이 있습니다.

칼금판

무스틀
(원형틀 2호, 미니 설기원형틀, 미니 원형틀)

떡도장

4 **오븐틀** (호두과자틀, 파운드틀, 휘낭시에틀, 사각오븐틀 2호, 타르트틀 3호)

베이킹에서 주로 사용하는 오븐틀로 틀의 모양에 따라 각종 제과의 이름이 붙기도 하며 오븐을 이용한 구움떡을 만들 때도 사용합니다.

5 **스패튤러**

케이크의 윗면을 다듬거나 옆면을 다듬을 때, 앙금 반죽이나 크림을 시트에 올려 면을 평평하고 매끄럽게 만들 때 사용합니다.

6 **고명틀**

다양한 모양의 작은 틀로 떡의 윗면에 장식하거나 음료에 과일들을 모양내어 띄워 낼 때 사용합니다.

7 **약과주물틀**

약과를 성형할 때 알루미늄 재질의 주물 방식으로 된 약과주물틀을 사용합니다. 사각, 원형 그리고 대, 중, 소 사이즈에 맞게 사용합니다.

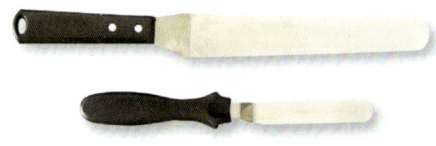

스패튤러

고명틀

오븐틀
(호두과자틀, 파운드틀, 휘낭시에틀, 사각오븐틀 2호, 타르트틀 3호)

약과주물틀

8 **양갱틀**

양갱을 만들 때 반달, 하트, 사각, 튤립 등 다양한 모양의 스테인리스 양갱틀에 굳혀서 사용합니다.

9 **다식틀**

아세틸과 나무 재질의 다식틀이 있습니다. 분리형 다식틀은 여러 가지 다식 모양틀을 활용할 수 있습니다.

10 **짤주머니, 깍지**(커플러, 꽃가위, 깍지, 꽃받침)

반죽을 담아 용기에 짜주거나 크림을 담아 모양을 낼 때 짤주머니에 커플러를 끼우고 깍지를 끼워서 파이핑을 합니다. 앙금 쿠키를 만들 때 꽃받침 위에 작업을 하고 꽃가위를 사용해서 오븐팬 위에 올려 놓습니다.

양갱틀

짤주머니, 깍지(커플러, 꽃가위, 깍지, 꽃받침)

다식틀

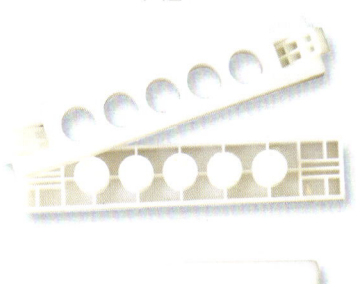

2_ 재료

기본 재료 및 부재료

1 멥쌀가루

아밀로스와 아밀로펙틴의 성분을 지닌 떡의 주재료로 찰기는 적지만 설기와 송편, 절편 등에 사용되며 베이킹에도 사용이 증가하는 추세에 있습니다.

2 찹쌀가루

아밀로펙틴이 주성분으로 찰기가 있어 인절미와 찰떡 등의 주재료로 쓰이며 불릴 때 수분을 많이 먹는 특성으로 인해 제조 시 수분을 적게 해도 익히는 데특성으로 은해 제조 시 수분을 적게 해도 익히는 데 용이합니다.

3 보리가루

보리쌀은 글루텐 성분이 없어 끈기가 많이 부족합니다. 보리개떡이나 술로 반죽하여 발효시켜 찌는 보리빵 등의 재료로 쓰입니다.

4 흑미가루

안토시아닌 성분이 있는 흑미는 적자색의 빛깔을 지니고 약간의 향미도 있습니다. 현미 상태로 도정하기 때문에 겉의 섬유질이 단단하여 12시간 정도 불려 빻아 씁니다.

5 차수수가루

탄닌 성분이 있어 여러 번 씻으며 불려야 합니다. 6~7시간 정도 불리면 되고 수수부꾸미나 수수경단 등에 많이 사용됩니다.

6 밀가루

밀을 분말 낸 것으로 글루텐 함량에 따라 강력분, 중력분, 박력분으로 나뉩니다. 식빵이나 찰기가 있는 제품에는 강력분을 사용하고 가정에서 하는 부침이나 수제비, 국수 또는 일반 제빵 등에는 중력분을 사용하며 과자류나 점성이 적은 제품에는 박력분을 사용합니다.

7 흰깨·검은깨

참깨를 씻어 일어 볶은 후 가루를 내거나 그냥 사용합니다. 가루를 내어 송편의 소로 쓰기도 하도 볶은 채로 강정을 만들어 먹기도 합니다.

8 청포가루

녹두의 녹말로 묵을 쑤기도 하지만 색을 첨가하여 다식을 만들 때 다양한 느낌을 주는 재료로도 사용합니다.

9 한천가루

우묵가사리의 분말로 열을 가하여 익힌 다음 굳히면 탱글탱글한 식감을 줍니다. 양갱이나 젤리 등을 만드는 재료로 사용합니다.

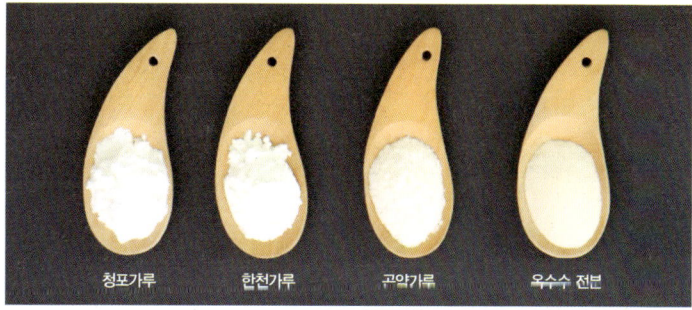

10 곤약가루
구약감자의 전분으로 젤리를 만들기도 하고 요즘은 다이어트 식품의 쌀이나 국수 등으로 가공하여 사용합니다.

11 옥수수전분
옥수수 전분은 쫄깃한 식감을 주는 떡이나 빵 등의 부재료로 사용하기도 하고 찰떡 등의 덧가루로 사용합니다.

12 콩고물
노란콩을 씻어 볶거나 쪄서 가루를 내어 사용하며 떡의 고물로 많이 사용합니다. 서리태의 껍질을 벗겨 내어 속의 콩을 익혀 분쇄한 청콩가루도 고물이나 다식의 재료로 사용합니다.

13 팥고물
팥을 씻어 불리지 않고 물에 삶아 익히는 고물로 떡의 소나 겉고물로 쓰이고 고운 앙금을 내어 양갱의 재료로 쓰기도 합니다.

14 거피팥고물
거피한 팥을 씻어 불려 찜기에 쪄서 사용하는 것으로 속 재료로 사용하기도 하고 겉고물로도 사용합니다.

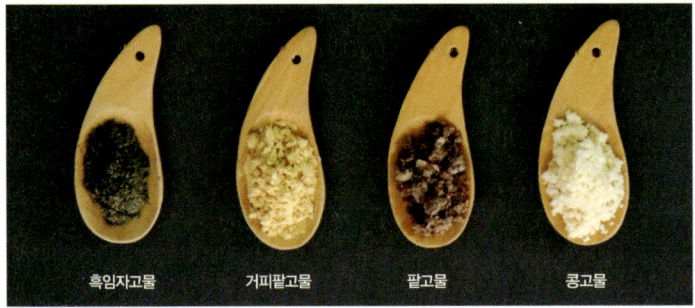
흑임자고물   거피팥고물   팥고물   콩고물

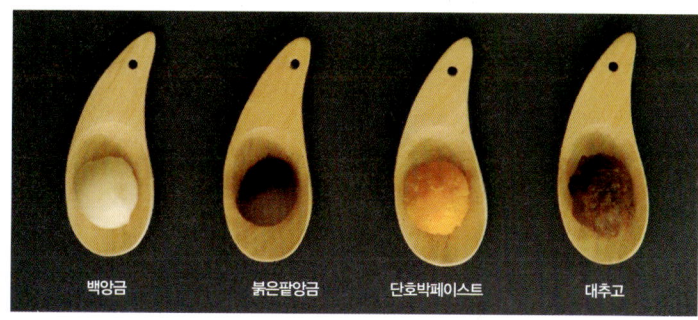

15   흑임자고물
검은깨를 씻어 볶아 가루를 내어 사용하는데 색을 내는 재료로 쓰이기도 하고 맛을 내기도 하고 다식의 재료로도 사용합니다.

16   백앙금
주로 동부콩을 삶아 껍질을 벗기고 만든 앙금으로 흰색을 띠는 재료 그 자체로도 사용하지만 색과 맛을 첨가하여 다양하게 쓰입니다.

17   붉은팥앙금
붉은팥을 삶아 체에 내려 물엿과 설탕을 넣어 팬에 볶아 만든다. 떡의 소뿐만 아니라 단팥빵의 속 재료로 쓰이기도 한다.

18   단호박페이스트
단호박을 삶아 당을 넣고 조려 만든 것으로 빵이나 제과 재료로 많이 사용합니다.

19   대추고
단호박을 삶아 당을 넣고 조려 만든 것으로 빵이나 제과 재료로 많이 사용합니다.

20   조청
보리 엿기름에 밥알을 삭히고, 그 물을 고아 만든 것으로 단맛을 내는 재료로 사용합니다.

색을 내는 재료

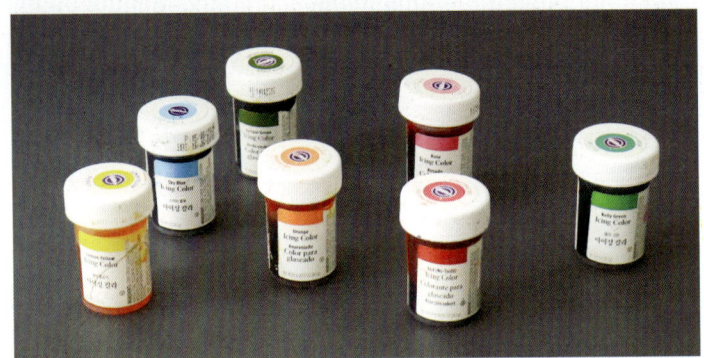

1. **식용 색소**

   천연 조색재료 표현되지 않는 색을 나타내기에 좋으며 식재료에 다양한 색을 표현하기에 좋습니다.

2. **자색고구마가루**

   속이 붉은 자색고구마를 건조시켜 분말 내어 사용합니다. 발색력도 좋고 열에도 강하여 높은 온도에서도 사용하기에 좋습니다.

3. **쑥가루**

   연한 쑥 잎을 건조시켜 가루 내어 사용하는데 색뿐 아니라 쑥 특유의 향을 가지고 있어 색과 향을 동시에 이용할 수 있는 장점이 있습니다. 반면 향을 살리는 다른 재료와 섞을 때는 사용을 삼가는 게 좋습니다.

4. **치자가루**

   치자나무의 열매로 약간의 쓴맛을 지닌 노란색을 띱니다. 건조된 열매를 잘라서 물에 우려 색을 쓰는데, 물의 양에 따라 색의 농도를 조절하면 됩니다.

5. **계핏가루**

   육계나무의 껍질로 단맛과 약간의 매운맛이 나는 향신료인데 갈색을 표현할 때 사용합니다. 향도 강하여 호불호가 있으나 색과 함께 향 첨가로 많이 사용합니다.

6 녹차가루

차나무의 잎을 건조하여 분쇄한 것으로 색과 향을 동시에 이용할 수 있습니다. 열에 안정적이고 차로도 많이 음용하지만 떡, 빵, 쿠키 등 여러 곳에 사용합니다.

7 단호박가루

단호박을 건조하여 가루를 낸 것으로 노란색을 표현하는데, 맛과 색을 동시에 주고 은은한 노란색을 표현하기에 좋으며 열에도 안정적입니다.

8 코코아가루

코코아가루는 갈색을 표현하기에 적합하고 맛도 좋아 제과용이나 퓨전떡 등에서 많이 사용합니다.

9 비트가루

비트를 동결 건조하여 가루를 낸 것으로 붉은색을 표현하기에 좋으나 열에 약하여 높은 온도의 조리에는 가급적 사용하지 않습니다.

10 클로렐라가루

해조류인 클로렐라는 피부와 항산화에 도움을 주는 건강 보조 식품입니다. 눈밀로 녹색을 나타내는 재료로 좋으며 열에도 안성석입니다.

11 딸기가루

딸기를 동결 건조하여 분쇄한 것으로 향과 색이 좋으나 열에 약하여 높은 온도에서는 사용하지 않는 게 좋습니다.

12 백련초가루

손바닥 선인장이라 불리는 백련초의 열매로 다홍색을 표현하기에 좋습니다. 열에도 비교적 안정적이라 떡이나 제과 등에 많이 사용합니다.

13 커피가루

커피는 자체로도 많이 즐기지만 향과 맛, 색을 모두 즐기기에도 좋은 재료입니다. 열에도 강하여 오븐 요리나 장시간 찌는 조리에도 좋습니다.

14 파래가루

해조류인 파래 분말로 특유의 향과 색이 있으며 한과나 강정을 만들 때 쓰기도 하고 경단의 고물로 쓰기도 합니다. 특유의 향으로 인해 호불호가 있어 첨가할 때 이를 고려하는 게 좋습니다.

15 체리가루

붉은색을 띠는 체리가루는 열에 약하여 저온의 조리에 적합하고 특유의 맛으로 음료로도 많이 즐깁니다.

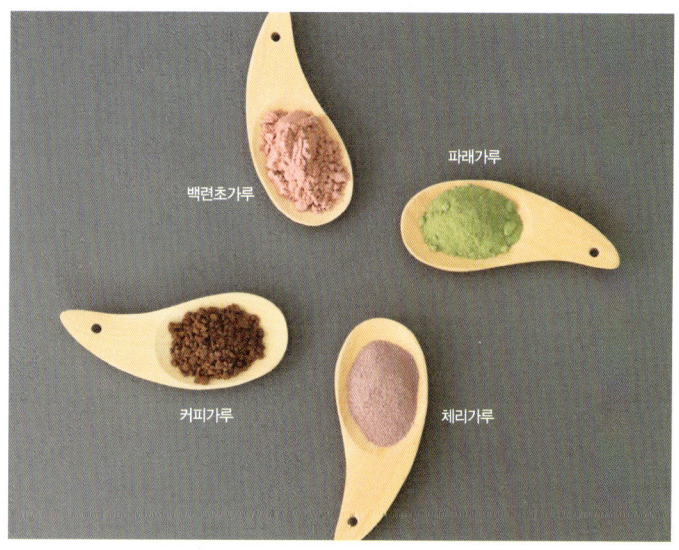

3_ 고물 만들기

붉은팥고물 만들기

재료 붉은팥 300g, 소금 3g

만드는 방법

1 붉은팥은 깨끗이 씻어 불리지 않고 바로 냄비에 팥 양의 2배 정도 물을 붓고 삶아 줍니다.
2 끓어오르면 물은 따라 버리고 다시 3~4배의 물을 넣어 푹 삶아 줍니다.
3 팥을 삶으면서 익는 상태를 보고 물을 보충해도 됩니다.
4 팥을 손으로 눌러봐서 뭉그러지면 소금을 넣고 뒤적여 준 다음 불을 끕니다.
5 넓은 쟁반에 펼쳐 식혀 줍니다.
6 고물이 질척이면 마른 팬에 올려 수분을 좀 더 날려 줍니다.

거피팥고물 만들기

재료 거피팥 300g, 소금 3g

만드는 방법

1 거피팥은 세척한 후 3시간 정도 불려 둡니다.
2 거피팥의 잔여 껍질은 물에 불린 후 조리로 걸러내 줍니다.
3 찜기에 면보를 깔고 거피한 거피팥을 넣고 30분간 푹 무르게 쪄 줍니다.
4 찐 거피팥은 큰 그릇에 쏟고 소금 간을 해서 방망이로 곱게 빻습니다.
5 그냥 사용해도 되고 곱게 쓸 경우 어레미에 내려 고물로 사용합니다.

흑임자 고물 만들기

재료 검은깨 100g 소금 2g

만드는 방법

1. 검은깨는 씻어 일어 놓고 채에 밭쳐 물기를 빼 줍니다.
2. 팬에 타지 않게 볶아 소금 간하여 분쇄기에 곱게 갈아 줍니다.

Tip 볶을 때 콩을 하나 넣어 콩이 튀어 오르면 깨의 볶는 정도를 가늠할 수 있습니다.

대추고 만들기

재료 대추 500g 소금 2g

만드는 방법

1. 마른 대추를 물로 깨끗이 씻어 체에 밭쳐 물기를 제거해 놓습니다.
2. 냄비에 물을 넉넉히 대추가 잠기게 부어 중약불로 뭉근히 30~40분 정도 끓여 줍니다.
3. 대추를 체에 받쳐 으깨어 씨와 껍질을 제거하고 냄비에 물을 조금씩 부어가며 내려 줍니다.
4. 설러신 내주를 냄비에 넣고 되직한 농도가 될 때까지 졸여 줍니다.

4_ 떡 만들기의 기본

쌀가루를 다루는 요령

1. 쌀 불리기는 쌀을 깨끗이 씻은 후 멥쌀과 찹쌀은 5시간, 현미와 흑미는 10시간 정도로 하고 물 빼기는 30분 정도 합니다. **Tip** 겨울철에도 실내 온도가 20도 이상이면 같은 시간 불려 주고, 베란다 등의 실외에서 불릴 때는 3~5시간 정도 시간을 늘려서 불려 줍니다.
2. 쌀가루는 소분해서 냉동실에 저장하며 해동할 경우 냉장에서 12시간 정도, 실온에서는 2~3시간 정도 해동 후 사용합니다.
3. 건식 쌀가루를 사용하여 설기를 만들 때는 쌀가루의 20% 정도 수분을 주고, 찹쌀가루는 40% 정도의 수분을 준 다음 체에 내려 1시간 정도 휴지시켜 습식 쌀가루 상태로 만들어 주고, 물주기를 다시 하며 수분을 잡아 떡을 만듭니다.
4. 찹쌀가루의 물주기는 찌는 찰떡일 경우 가루 양의 5~7% 정도, 단자류는 15~20% 정도, 경단류는 25~30% 정도로 합니다.

떡 만들기의 기본 상식

1. 설기 제조 시 설탕은 찌기 직전에 넣고 빠르게 앉힙니다. **Tip** 설탕을 넣고 지체하면 설탕이 수분을 흡수해 질감이 거칠어질 수 있고, 수분을 흡수한 쌀가루 입자들이 무거워져 층이 낮아지고 식감이 질겨질 수 있습니다.
2. 찜기의 뚜껑이 스테인리스나 유리일 경우는 마른 면보로 뚜껑을 감싸 덮어 줘야 뚜껑에 김이 서려 물방울이 떨어져 떡 표면이 질어지거나 표면이 물방울로 패이는 현상을 막을 수 있습니다.
3. 면보를 깔고 찰떡을 찔 때는 반드시 면보를 적신 후 사용하며 쌀가루를 넣기 직전 설탕을 먼저 솔솔 뿌려 주면 쪄낸 후 면보에서 떡을 깨끗이 분리할 수 있습니다.
4. 찜기에 쌀가루를 넣을 때는 찜기의 가장자리부터 채우고 중간중간 평평하게 골라 주면서 넣어야 완성되었을 때 고른 질감을 주고 일정한 두께의 고른 모양을 유지할 수 있습니다.
5. 물솥에 물을 반 정도 채워 줍니다. **Tip** 물의 양이 적으면 증기의 양이 작아 더디 쪄지거나 설익는 원인이 되며, 물을 너무 많이 채우면 증기의 양이 많아져 떡의 밑면이 지나치게 질척일 수 있습니다.

기타 재료의 손질

과일 & 야채
과일이나 야채 등의 재료는 식초를 푼 물에 담그거나 베이킹 소다를 뿌려 두었다 씻으면 잔류 농약이나 오염된 물질을 제거할 수 있습니다.

견과류
견과류는 물에 소금을 조금 넣고 물이 팔팔 끓을 때 재빨리 데친 다음 건조해서 사용하면 위생적으로 먹을 수 있습니다.

PART II

K-디저트 : 주전부리 1

백설기
치피찰떡
무화과약식
단호박꿀설기
꽃산병
큐브흑임자인절미
감자찹쌀떡
고구마찹쌀파이
쑥버무리
약편
두텁찹쌀타르트
퓨전유자단자
카네이션앙금쿠키
해시드포테이토쌀스콘
떡티라미수
찹쌀브라우니
흑당퐁당꿀떡
찜카스텔라
모시찹쌀부꾸미
펌킨미니떡케이크
오레오촉촉미니떡케이크
초코퐁당찹쌀떡
X-MAS 도시락떡케이크
딸기롤떡케이크
호두찰빵

백설기는 흰무리떡이라고 불리는 떡으로 찌는 떡의 기본이 되는 떡입니다. 무병장수의 의미를 담고 있어 어린아이의 삼칠일, 백일, 돌, 생일 때 올려지는 대표적인 떡이지요. 백설기는 기본적인 재료로 완성되는 떡으로 반복 연습을 통해서 수분 주기를 완성한다면 다양하게 응용하실 수 있습니다.

백설기

재료(4개 분량)	**베이스** 멥쌀가루 500g, 물 5~6큰술(조절), 설탕 60g
도구	계량컵, 계량스푼, 저울, 스크래퍼, 사각무스틀 2호, 찜기, 물솥, 스테인리스 볼, 중간체, 시루밑, 칼
보관	실온 1일, 냉동 1개월

TIP | 백설기는 꿀로 수분을 맞추면 촉촉한 맛을 더 느낄 수 있어요.
고운체로 내려서 백설기를 완성하면 쫄깃한 식감의 떡을 맛볼 수 있어요.

| RECIPE |

1 멥쌀가루를 중간체에 한 번 내린다.
2 물로 수분을 맞춘 후 중간체에 두 번 내린다.
3 설탕을 넣는다.

4 사각무스틀 안에 쌀가루를 담는다.
5 스크래퍼를 이용해서 쌀가루 평면을 정리해 준다.
6 칼금을 내어 준다.

7 김이 오른 물솥에 20분 동안 찌고 5분간 뜸을 들인다.
8 쪄진 떡을 보조판을 이용해서 두 번 뒤집어서 완성한다.

영양소가 풍부해 검은 진주라 일컫는 흑미를 찹쌀에 넣어서 만드는 찰떡입니다. 낮은 칼로리와 풍부한 단백질을 가진 이집트콩(일명 병아리콩)을 넣어서 만든 떡으로 포만감을 주어 다이어트에도 좋습니다.

칙피찰떡

재료(14~15개 분량)	**베이스** 찹쌀가루 400g, 찰흑미가루 100g, 설탕 60g **토핑** 병아리콩 1/2컵, 소금 1/4작은술, 설탕 30g, 물엿 15g, 병아리콩 삶은 물 50ml, 대추 7개, 호박씨 15g
도구	물솥, 찜기, 시루밑, 중간체, 스테인리스 볼, 스크래퍼, 계량스푼, 냄비
보관	실온 1~2일, 냉동 1개월

TIP | 멥쌀가루를 이용하면 칙피흑미설기를 맛볼 수 있어요.

RECIPE

<u>1</u> 병아리콩은 전날 물에 불려서 깨끗하게 씻은 후 15~20분 정도 삶아 준다.

<u>2</u> 삶은 병아리콩에 병아리콩 삶은 물, 소금, 설탕을 넣고 끓여서 익힌 후 물엿으로 마무리한다.

<u>3</u> 찹쌀가루, 찰흑미가루를 넣고 중간체에 내린 후 물로 수분을 맞추고 중간체에 한 번 내린다.

<u>4</u> 대추는 돌려깎기를 해서 6등분하고 병아리콩 조린 것과 호박씨, 설탕을 넣고 솔솔 섞어 준다.

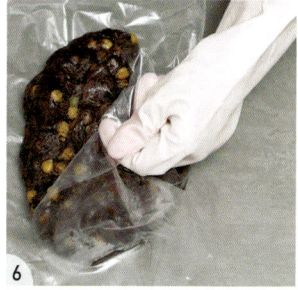

<u>5</u> 찜기에 듬성듬성 담아서 김 오른 물솥에 25분을 찐다.
<u>6</u> 쪄진 떡을 떡비닐에 놓고 살짝 치대 준다.
<u>7</u> 틀에 굳힌 후 일정한 크기로 썰어서 완성한다.

꿀을 약(藥)이라 하므로 정월 대보름에 먹는 약식은 꿀이 들어간 이로운 음식이라고 할 수 있겠지요. 대추를 푹 고아서 만든 대추고가 들어간 약식은 대추 자체의 단맛으로 약식의 깊은 맛을 느낄 수 있답니다. 톡톡 씹히는 맛이 일품인 무화과를 넣어서 만들어 봤어요.

무화과약식

재료(1개 분량)

베이스 생찹쌀 400g, 대추고 50g, 소금 3g, 물 1/4컵

밤조림 밤 5개, 설탕 24g, 물엿 15ml, 잣 14g, 호두 50g, 대추 5개, 말린 무화과 10개, 치자액 약간, 물 50ml, 소금 한 꼬집

소스 흰설탕 40g, 황설탕 90g, 계핏가루 1/4작은술, 진간장 20ml, 꿀 40g, 참기름 15ml

도구

계량컵, 계량스푼, 저울, 찜기, 물솥, 중간체, 젖은 면보, 떡비닐, 실리콘 붓, 스크래퍼, 스테인리스 볼, 칼, 도마

보관

실온 1~2일, 냉동 1개월

TIP 약식은 밥알이 뭉개지지 않도록 소스를 넣고 주걱을 세워서 살살 섞어 주세요.
중탕으로 약식을 완성하면 밥알이 더 탱글탱글한 약식을 맛볼 수 있어요.

RECIPE

1. 찹쌀은 3시간 불린다.
2. 찜기에 담아 김이 오른 물솥에 올려서 30분 찐 후, 소금물을 뿌리고 다시 30분을 쪄 준다.
3. 밤은 껍질을 까고 설탕물(치자액 약간, 물, 소금, 설탕, 물엿)에 조린다.
4. 말린 무화과는 일정한 크기로 잘라 준다.
5. 찐 찰밥에 소스와 조린 밤, 잣, 호두, 대추, 말린 무화과, 대추고를 넣는다.

6

<u>6</u> 찜기에 담아서 실온에서 30분 숙성시킨 후 김이 오른 물솥에서 30분 찐다.

<u>7</u> 쪄진 무화과약식에 참기름을 섞어 준 후 완성한다.

7

어릴 적 꿀이 들어 있는 설기 부분만 쏙 잘라서 먹었던 기억이 가득한 꿀설기입니다. 단호박을 쪄서 넣은 설기는 포근한 식감을 증감시켜 노화를 지연시킬 수 있는 자연 재료입니다. 국민 떡이라고 불릴 만큼 단호박설기는 남녀노소 누구에게나 사랑받는 떡이에요. 한 입 베어 물면 꿀까지 함께 맛볼 수 있어서 더 맛있답니다.

단호박꿀설기

재료(10개 분량)

베이스 멥쌀가루 400g, 단호박앙금 80g, 물 2큰술(조절), 설탕 24g
필링 흑설탕 40g

도구

물솥, 찜기, 스테인리스 볼, 중간체, 스크래퍼, 계량컵, 계량스푼, 저울, 쟁반, 떡비닐, 면보, 실리콘 붓, 떡장갑, 사각무스틀 2호, 칼, 떡도장

보관

실온 1일, 냉동 1개월

TIP 단호박앙금은 단호박의 수분량에 따라서 질어질 수 있으니 조절해서 사용하세요.
흑설탕에 콩가루나 호두분태와 같은 견과류를 섞어서 꿀설기를 완성하셔도 됩니다.

RECIPE

1. 멥쌀가루를 중간체에 한 번 내려 준다.
2. 단호박앙금을 넣고 수분을 맞춘 후 부족한 수분은 물로 맞추고 중간체에 두 번 내린다.
3. 설탕을 섞은 후 사각링에 단호박쌀가루 2분의 1을 담고 흑설탕을 넣는다.

4 나머지 단호박쌀가루를 담고 등분을 나눈 후 칼금을 낸다.
5 등분한 단호박쌀가루 위에 떡도장을 찍어 준다.
6 김 오른 물솥에 20분 찐 후 5분간 뜸을 들여 완성한다.

충청도 지방의 향토 떡으로 멥쌀을 이용한 치는 떡의 대표적인 떡입니다. 천연의 색으로 쪄 낸 떡에 색을 내고 소를 넣어서 쫄깃하게 만든 절편떡으로 떡도장을 찍어서 완성되는 떡이에요. 이번에는 떡도장을 이용해서 다식 기법의 꽃산병을 만들어 봤어요. 다양한 연령층과 떡 체험 아이템으로 활용할 수 있는 우리의 떡이랍니다.

꽃산병

재료 (8개 분량)	**베이스** 멥쌀가루 300g, 물 90~105ml(조절), 딸기향가루 1작은술, 치자액 1작은술, 쑥가루 1작은술, 팥앙금 70g, 포도씨유 약간
도구	계량컵, 계량스푼, 저울, 찜기, 물솥, 스크래퍼, 스테인리스 볼, 중간체, 떡비닐, 실리콘 붓, 떡도장, 실리콘패드
보관	실온 1일, 냉동 1개월

TIP 절편의 수분은 물을 한꺼번에 다 넣지 말고 추가하면서 소보로 상태의 수분을 확인하세요.
색절편을 만들 때는 천연 색소를 조금씩 조절해서 원하는 색 톤을 맞춰 주세요.

RECIPE

1 멥쌀가루를 중간체에 한 번 내린 후 물로 절편 수분을 맞춘다.
2 찜기에 담아서 김이 오른 물솥에 20분 찐다.
3 쪄 낸 절편에 치자액을 넣고 치대서 색절편을 만들어 준다.

4 각각 천연 색소로 색절편을 완성한다.
5 팥앙금은 7~8g으로 소를 만든다.

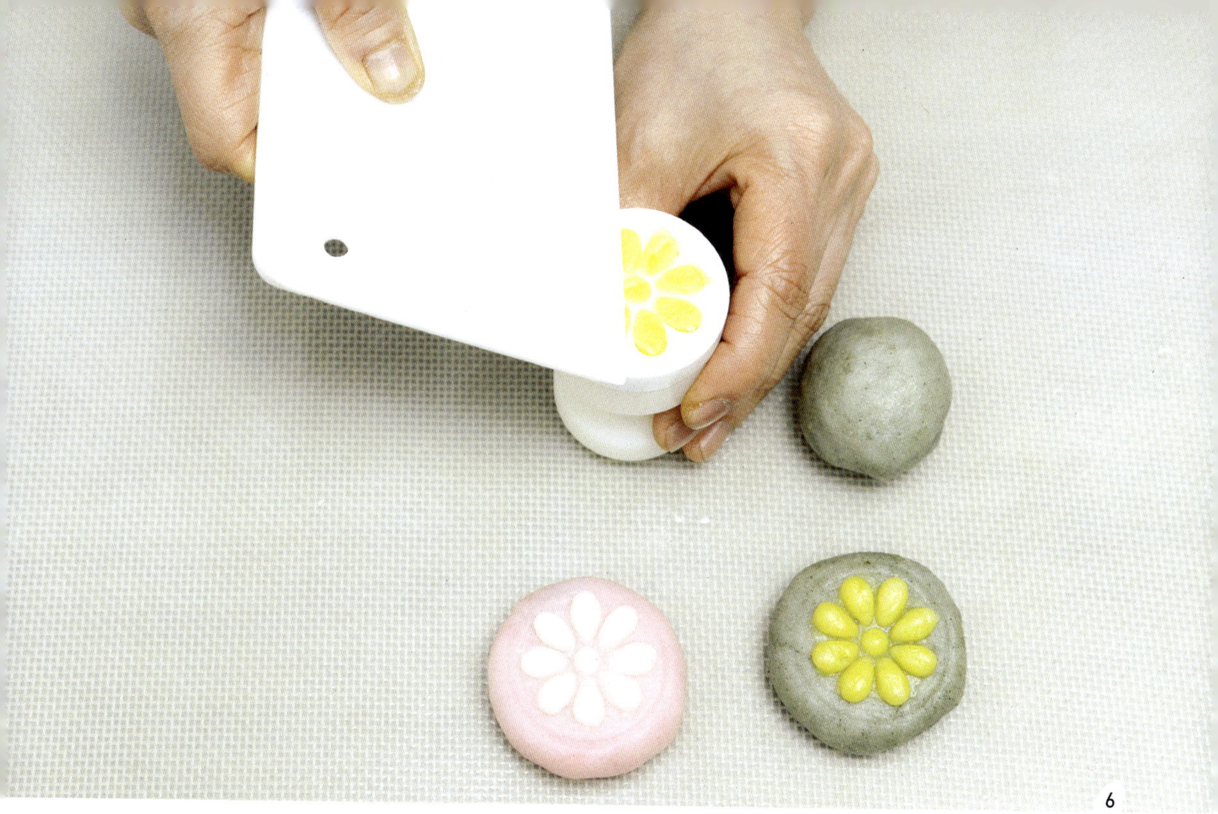

6 절편 반죽을 30g 정도 떼어 팥앙금을 넣고 동글납작하게 만든 후,
다른 색절편으로 떡도장 모양을 채워서 반죽에 찍어 준다.

7 완성된 꽃산병에 포도씨유를 발라 준다.

인절미는 임 서방이 만든 떡 '임절미'가 오늘날 인절미로 불리는 떡으로 치는 떡의 대표적인 떡이에요. 찹쌀가루, 물, 소금의 간단한 재료로 맛난 인절미가 완성됩니다. 다양한 고물로 여러 가지 인절미를 만들 수 있지요. 흑임자고물을 묻혀서 한입 크기의 사각 모양으로 만들면 간식이나 선물, 디저트로도 그만이랍니다.

큐브흑임자인절미

재료(10개 분량)	**베이스** 찹쌀가루 300g, 물 30~45ml(조절), 설탕 36g **고물** 흑임자고물 1/2컵
도구	계량컵, 계량스푼, 저울, 찜기, 물솥, 중간체, 젖은 면보, 떡비닐, 실리콘 붓, 스크래퍼, 스테인리스 볼
보관	실온 1~2일, 냉동 1개월

TIP | 찹쌀가루를 찜기에 담을 때는 중간중간 구멍을 뚫어서 수증기가 통과할 수 있게 해야 찰떡이 잘 익어요.

| RECIPE |

1. 찹쌀가루를 중간체에 한 번 내린다.
2. 물로 수분을 맞춘 후 중간체에 한 번 내린다.
3. 설탕을 섞는다.
4. 찜기에 젖은 면보를 깔고 설탕을 뿌린 후 찹쌀가루를 듬성듬성 담는다.

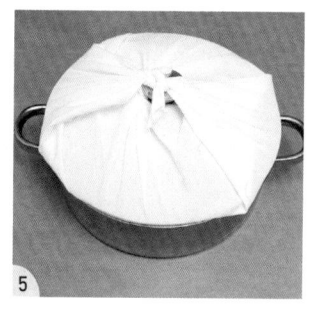 

<u>5</u>　김이 오른 물솥에 25분 찐다.

<u>6</u>　떡비닐에 포도씨유를 바른 후 쪄진 떡을 잘 치대서 흑임자고물을 묻힌다.

<u>7</u>　굳힌 후 일정한 크기로 잘라서 완성한다.

인기 있는 다양한 찹쌀떡 종류를 SNS에서 많이 볼 수 있습니다. 그중 담백한 맛을 자랑하는 감자찹쌀떡은 생감자를 직접 넣어서 만든 찹쌀떡이에요. 감자는 노화를 지연시키는 효능이 있지요. 감자찹쌀떡은 냉동 후 자연해동 해서 먹으면 만들었을 때의 쫄깃함을 다시 한번 맛볼 수 있는 장점이 있습니다. 팥고물을 직접 만들어 당도를 직접 조절할 수 있는 팥소를 감자찹쌀떡 안에 넣어서 만들어 보아요.

감자찹쌀떡

재료(12개 분량)

베이스 찹쌀가루 300g, 물 3~4큰술, 설탕 36g, 감자(껍질 제거 후) 60g, 옥수수전분 150g, 포도씨유

소 팥고물 250g, 팥앙금 100g, 계핏가루 1g

도구 계량컵, 계량스푼, 저울, 찜기, 중간체, 젖은 면보, 물솥, 휘핑기, 실리콘 붓, 스크래퍼, 스테인리스 볼, 물솥, 떡비닐

보관 실온 1~2일, 냉동 1개월

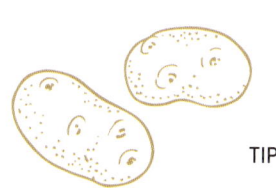

TIP | 소는 시판되는 통팥앙금을 사용할 수 있고 기호에 따라서 견과류를 넣어도 좋습니다.

RECIPE

1. 감자는 껍질을 깐 후 썰어서 물에 담가 둔다.
2. 찹쌀가루를 중간체에 한 번 내린 후 물로 수분을 맞추고 중간체에 한 번 내린다.
3. 설탕과 감자를 넣는다.

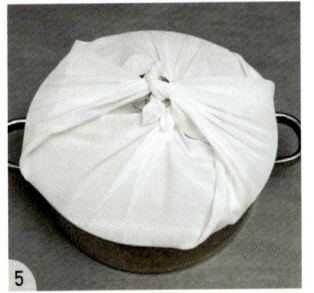

4. 찜기에 젖은 면보를 깔고 설탕을 뿌린 후 쌀가루를 듬성듬성 담아 준다.
5. 김이 오른 물솥에 25분 찐다.
6. 팥고물, 팥앙금, 계핏가루를 섞어서 30g씩 소를 완성한다.

 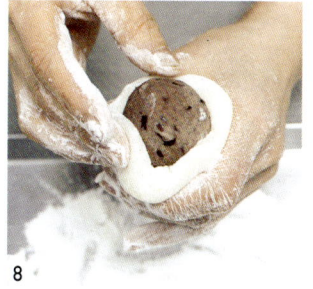

7 쪄진 찹쌀떡을 펀칭한다.
8 40g씩 계량하여 찹쌀떡 소를 넣고 둥글게 감싸 준다.
9 옥수수전분을 묻혀서 찹쌀떡을 완성한다.

디저트 문화가 발달하면서 떡을 만드는 방법 역시 다양해지고 있습니다. LA로 이민 온 교민들이 떡에 대한 그리움으로 만든 영양찰떡파이에서 구움떡이 유래되었고, 현재 다양한 맛의 구움떡에 과일까지 듬뿍 얹어 맛과 영양을 더한 메뉴로 발전했어요. 고구마를 넣어서 영양의 균형을 맞춘 고구마찹쌀파이는 '겉바속촉(겉은 바삭 속은 촉촉)'의 맛을 듬뿍 담은 글루텐 프리(gluten-free) 디저트라고 할 수 있어요.

고구마찹쌀파이

재료(1개 분량)

베이스 멥쌀가루 100g, 찹쌀가루 100g, 찐고구마 100g, 아몬드브리즈 50~60ml(조절), 설탕 40g, 카놀라유 20g, 베이킹파우더 3g, 완두배기 35g, 호두분태 35g, 아몬드슬라이스 20g, 크랜베리 20g

도구 계량컵, 계량스푼, 저울, 중간체, 실리콘 주걱, 스테인리스 볼, 오븐, 식힘망, 사각오븐틀 2호

보관 보관 실온 1~2일, 냉동 1개월

TIP 구움떡은 오븐의 사양에 따라서 온도가 달라집니다. 사용하는 오븐에 맞춰서 온도를 조절하세요. 아몬드브리즈 대신 우유를 사용해도 됩니다.

| RECIPE |

1 　찐고구마, 설탕, 카놀라유를 순서대로 넣고 섞는다.
2 　멥쌀가루, 찹쌀가루, 설탕, 베이킹파우더를 넣고 중간체에 내린 후 ❶에 섞어 준다.
3 　아몬드브리즈로 수분을 맞춘다.
4 　완두배기, 호두분태, 아몬드슬라이스, 크랜베리를 넣는다.
5 　팬닝한 후 180도로 예열된 오븐에 30~40분 정도 굽는다.
6 　틀에서 분리한 후 식힘망에서 식혀 준다.

5

6

쑥버무리는 쌀가루에 쑥을 버무려서 찌는 떡으로 기호에 따라서 밤, 대추, 콩 등을 넣어 찔 수도 있어요. 진한 쑥내음이 찜기 사이로 새어 나오면 '봄이 왔구나' 하고 느낄 수 있는 봄떡입니다. 칼로 자르지 않고 손으로 투박스럽게 뚝뚝 잘라서 담으면 더 맛깔스러워요. 은은한 쑥향이 가득한 쑥버무리를 만나 보세요.

쑥버무리

재료 (1개 분량)	**베이스** 멥쌀가루 500g, 쑥 300g, 물 4~5큰술(조절), 설탕 5큰술
	부재료 단호박 150g, 밤 5개, 대추 5개
도구	계량컵, 계량스푼, 저울, 찜기, 중간체, 젖은 면보, 떡비닐, 스크래퍼, 스테인리스 볼, 물솥, 칼, 도마
보관	실온 1일, 냉동 1개월

TIP 쑥을 비롯한 부재료와 쌀가루를 섞을 때는 살살 털어 주듯이 섞어 줍니다. 쑥에 쌀가루가 골고루 입혀지도록 섞어 주면 됩니다.

RECIPE

1 쑥은 깨끗이 씻어서 체에 받쳐 물기를 제거해 준다.
2 단호박과 밤은 일정한 크기로 썰고 대추는 돌려깎기한 후 썰어 준다.
3 멥쌀가루는 중간체에 한 번 내린 후 물로 수분을 맞추고 중간체에 두 번 내려 준다.
4 설탕과 부재료를 섞어 준다.
5 찜기에 젖은 면보를 깔고 설탕을 살짝 뿌려 준 후 ❹를 담는다.
6 김이 오른 물솥에 20분 찐 후 5분간 뜸을 들여 완성한다.

충청도 향토 음식으로 '대추편'이라고도 합니다. 푹 고아 만든 대추고로 수분을 맞추고 막걸리를 넣어 더 부드럽고 촉촉한 떡이에요. 대추, 밤, 잣, 석이버섯을 곱게 채를 썰어 올려 건강함이 더해지는 약편을 만들어 보아요.

약편

재료(9개 분량)	**베이스** 멥쌀가루 450g, 대추고 70g, 막걸리 3큰술, 물 약간, 설탕 35g
	부재료 대추 5개, 밤 5개, 잣 10g, 석이버섯 적당량
도구	계량컵, 계량스푼, 저울, 중간체, 찜기, 물솥, 스크래퍼, 사각틀 2호, 칼, 시루밑, 면보
보관	실온 1일, 냉동 1개월

TIP 대추를 깨끗이 씻어 7~8배 정도의 물을 붓고 푹 끓여 체에 내린 다음 대추고를 만들어 사용하면 됩니다.
대추에 단맛이 있으니 설탕은 기호에 따라서 조절하세요.

| RECIPE |

1   석이버섯은 불려서 채를 썰고 밤, 대추는 젖은 면보로 닦은 후 채를 썰어 잣과 섞어 준비해 둔다.
2   멥쌀가루를 중간체에 한 번 내린 후 대추고로 수분을 맞춘다.
3   막걸리를 넣어 주고 부족한 것은 물로 수분을 맞춘 후 중간체에 두 번 내린다.

4   설탕을 섞는다.
5   사각링에 대추쌀가루를 담고 칼금을 낸다.

6

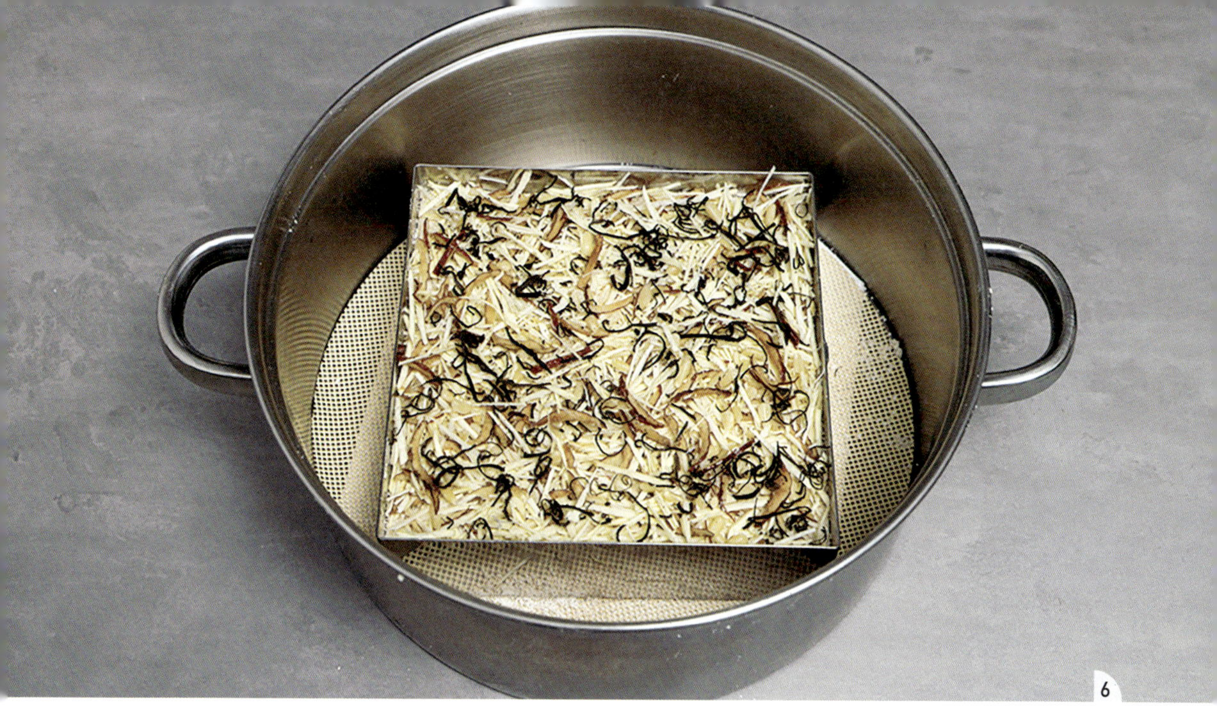

6 각각의 부재료를 올려 준다.

7 김이 오른 물솥에 20분 동안 찌고 5분간 뜸을 들인다.

8 보조판을 이용해서 두 번 뒤집어서 완성한다.

7

8

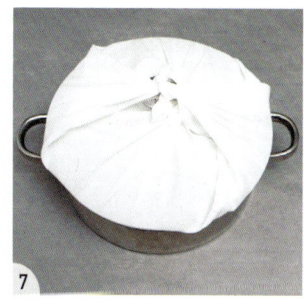

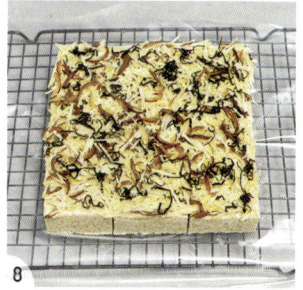

임금님 생신상에 올린 궁중의 떡인 두텁떡을 오븐을 이용한 떡으로 퓨전화 하였습니다. 주로 밀가루로 만들었던 타르트와는 달리 찹쌀가루로 완성되는 두텁찹쌀타르트는 베이스 농도의 포인트를 알고, 내가 가지고 있는 오븐과 친숙해진다면 멋진 디저트로 재탄생될 거예요. 만들기 힘들었던 두텁고물을 고슬고슬한 소보로로 간단하게 만들어서 찹쌀타르트 위에 올려서 구우면 두텁떡을 색다른 찹쌀타르트로 만들 수 있습니다.

두텁찹쌀타르트

재료(1개 분량)

베이스 소금 간이 안 된 찹쌀가루 220g, 진간장 10ml, 계핏가루 1/3작은술, 베이킹파우더 4g, 설탕 12g, 포도씨유 15ml, 우유 50~60ml(조절)

필링 무염버터 40g, 슈가파우더 40g, 아몬드가루 70g, 달걀 1개, 유자청 20g, 밤 2개, 대추 3개, 잣 7g, 호두분태 15g, 설탕 12g, 물 50ml, 물엿 15ml, 우유 30~50ml 정도(조절)

두텁소보로 소금 간이 안 된 거피팥고물 100g, 진간장 5ml, 황설탕 30g, 달걀노른자 1개, 꿀 5ml, 계핏가루 1/3작은술

데코 피칸 10g(8개)

도구 계량컵, 계량스푼, 저울, 중간체, 타르트팬 3호, 오븐, 실리콘 주걱, 손잡이체, 식힘망

보관 실온 1~2일, 냉동 1개월

TIP 두텁찹쌀타르트에 사용하는 찹쌀가루는 꼭 소금 간을 하지 않은 찹쌀가루를 사용하세요.
두텁소보로는 주걱을 세워 저으면서 너무 질지 않게 만들어 주세요.

RECIPE

1. 소금 간을 하지 않은 찹쌀가루, 베이킹파우더, 계핏가루를 넣고 중간체에 한 번 내린다.
2. 진간장, 설탕, 포도씨유를 넣고 수분을 맞춘 후 부족한 것은 우유로 맞춘다.
3. 젖은 면보에 싸서 30분 정도 숙성시킨다.

4. 버터에 슈가파우더를 나누어 넣은 후 아몬드가루를 넣는다.
5. 계란을 나누어 넣고 유자청을 섞어서 필링을 완성한다.
6. 밤, 대추, 잣, 호두분태를 설탕, 물, 물엿을 넣고 조린다.

7 타르트팬에 베이스를 성형한 후 ⑥을 넣는다.
8 필링을 넣고 팬닝한 후 175도 예열된 오븐에 20분 굽는다.
9 소금 간이 안 된 거피팥고물, 진간장, 황설탕, 달걀노른자, 꿀, 계핏가루를 넣고 두텁소보로를 만든다.
10 구워진 타르트에 두텁소보로를 올린 후 15분 더 구워 준다.
11 타르트팬에서 꺼내 한 김 식힌 후, 피칸을 올려 완성한다.

유자는 옛날에는 귀해서 임금님만 드셨다고 합니다. 주로 치는 떡 방식으로 만드는 단자를 삶는 떡 방식으로 완성한 퓨전유자단자입니다. 유자 향이 은은하게 담긴 유자단자는 특별한 도구가 필요하지 않고 찹쌀가루로 손쉽게 만들 수 있는 장점이 있는 떡이랍니다.

퓨전유자단자

재료(10개 분량)

단자 베이스 찹쌀가루 200g, 설탕 12g, 치자액 약간, 유자청 1큰술, 뜨거운 물 2큰술

소 백앙금 125g, 호두분태 30g, 유자청건지 1큰술

데코 크랜베리 약간, 호박씨 약간

두텁소보로 코코넛가루 70g

도구 중간체, 궁중팬, 스테인리스 볼, 손잡이체, 면보, 원형 쟁반, 칼, 도마, 냄비

보관 실온 1~3일, 냉동 1개월

TIP 유자단자는 치는 떡의 전통 방식으로 유자단자 베이스를 쪄서 투명해질 때까지 친 후, 소를 넣고 코코넛가루에 묻혀서 완성할 수도 있으니 편한 방법을 선택하세요.
유자를 많이 넣으면 쓴맛이 날 수 있으니 기호에 맞게 조절해서 만들어 보세요.

RECIPE

1. 찹쌀가루, 설탕을 넣고 중간체에 한 번 내린다.
2. 치자액으로 색을 내고 유자청을 뜨거운 물에 넣어서 익반죽한다.
3. 젖은 면보에 30분 정도 숙성시킨다.
4. 백앙금, 호두분태, 유자청건지로 소를 만들어 12g으로 분할한다.
5. 피는 25g씩 계량하여 소를 넣고 유자단자를 만든다.

6　물이 팔팔 끓으면 유자단자를 넣고 모두 다 떠오르면 1분 30초 뜸을 들인다.

7　찬물에 두 번 담근다.

8　체에 건져 물기를 제거한 후 코코넛가루에 묻히고 고명을 올려서 완성한다.

상투과자를 기억하시나요? 5월 어버이날에 감사의 마음을 전하는 선물로 인기 있는 카네이션앙금쿠키는 상투과자의 업그레이드 쿠키라고 할 수 있어요. 따뜻한 차와 함께하면 더 맛나게 드실 수 있어요. 카네이션뿐 아니라 장미, 수선화, 해바라기 등과 같은 다양한 꽃으로도 구울 수 있답니다.

카네이션앙금쿠키

재료(16~18개 분량)

베이스 춘설앙금 500g, 달걀노른자 1개, 아몬드가루 50g, 우유 적당량
색소 비트, 백련초, 셰프마스터 색소 슈퍼레드, 클로렐라, 쑥가루(모든 재료는 조절)
팁 104번, 352번

도구 휘핑기, 스테인리스 볼, 실리콘 주걱, 짤주머니, 104번 팁, 352번 팁, 꽃가위, 꽃받침, 오븐, 테플론시트, 식힘망, 저울

보관 실온 1~3일, 냉동 1개월

TIP 카네이션앙금쿠키는 앙금 반죽이 너무 되면 손이 아플 수 있고, 너무 질면 꽃이 부풀어 오를 수 있어요. 우유를 조금씩 넣으면서 살짝 묵직하게 저어지는 농도를 찾아 보세요.

| RECIPE |

1 춘설앙금, 달걀노른자, 아몬드가루를 넣고 잘 섞어 준다.
2 우유로 농도를 조절한다.
3 일정량을 나누어 쿠키 베이스, 비트와 백련초를 섞어서 카네이션앙금쿠키 베이스, 클로렐라와 쑥가루를 섞어서 앙금쿠키 잎사귀 베이스를 만든다.
4 ❸을 팁을 끼운 짤주머니에 담아 준다.
5 봉오리를 동글납작하게 짠 후 104번 팁으로 프릴을 주며 카네이션 꽃잎을 여러 장 켜켜이 짜 준다.

<u>6</u> 앙금쿠키 잎사귀 베이스는 352번 팁으로 카네이션 잎을 짜 준다.

<u>7</u> 120도로 예열된 오븐에 40~50분 정도 구운 후 식힘망에 꺼내서 완성한다.

카페에서 커피와 다양한 스콘을 함께 드시는 경우가 있죠? 습식쌀가루로 스콘을 만들면 어떨까? 하는 마음에서 시도해 본 해시드포테이토쌀스콘입니다. 감자를 듬뿍 넣어 만든 쌀스콘은 떡과 일반적인 스콘의 맛을 모두 다 갖추고 있어요. 어린아이부터 어른들까지 모두 드실 수 있는 대중적인 맛과 건강에도 좋은 쌀스콘을 만들어 보세요.

해시드포테이토쌀스콘

재료(8개 분량)

베이스 멥쌀가루 220g, 전분 2g, 베이킹파우더 5g, 설탕 20g, 전감자 150g, 체다치즈 60g, 우유 3~4큰술(조절), 버터 10g, 파슬리 약간

토핑 달걀노른자 1개, 아몬드슬라이스 적당량

도구 오븐, 스테인리스 볼, 중간체, 저울, 스크래퍼, 식힘망, 면보, 붓, 물솥, 찜기

보관 실온 1~2일, 냉동 1개월

TIP 해시드포테이토쌀스콘은 기호에 따라서 소금 양을 조절해서 살짝 짭조름하게 드시는 것도 맛나요. 파르메산치즈 가루나 후추 등을 첨가해서 만들어도 좋아요.

RECIPE

1. 멥쌀가루에 전분, 베이킹파우더, 설탕을 넣고 체에 내린다.
2. 찬 버터를 넣고 스크래퍼로 다져 준다.
3. 체다치즈, 찐감자, 파슬리를 넣고 우유로 농도를 맞춘다.
4. 젖은 면보에서 30분 정도 숙성시킨다.
5. 일정한 모양으로 분할한 후 팬닝한다.

6 달걀노른자를 발라 175도에서 15분 구운 후, 180도에서 10~15분 정도 굽는다.

7 식힘망에서 식혀 완성한다.

'나를 끌어 올린다'는 의미가 있는 이탈리아의 대표적인 디저트 티라미수(tiramisù)를 떡으로 만든 것입니다. 크림과 떡? 느끼하지 않을까? 달지 않을까? 하는 의문의 정답은 "NO!"입니다. 쫀득쫀득한 떡에 부드러운 티라미수 크림을 접목하여 만든 떡티라미수는 달지 않고 담백한 맛이 일품이거든요. 이제 떡으로 티라미수를 만나 보세요.

떡티라미수

재료(4개 분량)

베이스 멥쌀가루 200g, 찹쌀가루 100g, 커피가루 4g, 우유 3~4큰술(조절), 설탕 50g, 헤이즐넛시럽 약간

티라미수크림 크림치즈 300g, 설탕 75g , 우유 30ml, 한천가루 3g, 물 150ml, 생크림 300g, 설탕 35g

데코 코코아파우더 약간, 코코아닙스 약간

도구

물솥, 찜기, 시루밑, 중간체, 고운체, 스테인리스 볼, 사각무스틀 2호, 스크래퍼, 계량스푼, 냄비, 실리콘 주걱, 휘핑기, 휘핑볼, 티라미수 케이스

보관

실온 1일

TIP | 헤이즐넛시럽은 떡이 뜨거울 때 발라야 골고루 스며든답니다.

| RECIPE |

1. 멥쌀가루, 찹쌀가루를 넣고 중간체에 한 번 내린 후 우유와 커피가루를 섞어서 수분을 맞춘다.
2. 부족한 것은 우유로 수분을 맞춘다.
3. 중간체에 한 번, 고운체에 한 번 내린 후 설탕을 넣는다.
4. 사각틀에 담아서 쌀가루의 표면을 정리한다.
5. 김이 오른 물솥에 20분 찌고 5분간 뜸을 들인다.
6. 쪄진 떡케이크는 한 번만 뒤집어 준다.
7. 베이스에 헤이즐넛시럽을 바른 후 틀로 찍어 준다.

8 물에 한천가루를 넣고 센불에서 한천을 녹여 준다.
9 크림치즈와 설탕을 섞은 후 우유를 넣어 한 번 더 섞는다.
10 ❽을 ❾에 섞는다.
11 생크림, 설탕을 넣고 휘핑한 후 ❿과 섞어서 티라미수 크림을 만든다.
12 티라미수 케이스에 베이스를 넣고 티라미수크림을 충전한다.
13 코코아파우더를 뿌려 완성한다.

브라우니를 좋아하는 딸을 위해 쌀로 브라우니를 만들면 어떨까 하는 마음으로 개발한 찹쌀브라우니는 이제는 대표적인 구움떡 디저트로 사랑을 받고 있어요. 찹쌀브라우니는 일반적인 브라우니와는 사뭇 다르지만 초콜릿이 진하게 들어가서 브라우니라고 지칭했어요. 원볼 쌀베이킹으로 간단하게 만들 수 있는 찹쌀브라우니는 초콜릿을 진하게 넣어 완성합니다. 서양의 생과자 브라우니 대신 한국에 있는 찹쌀브라우니를 만나 보세요.

찹쌀브라우니

재료(12개 분량)

베이스 찹쌀가루 200g, 베이킹파우더 3g, 코코아가루 20g, 설탕 70g, 포도씨유 15ml, 두유 50~60ml(조절), 생크림 30ml, 달걀 1개, 다크초콜릿 70g
데코 오레오과자 약간, 청크초코칩 약간

도구 오븐, 저울, 스테인리스 볼, 중간체, 손잡이 거품기, 계량스푼, 미니 사각틀, 오븐팬, 냄비, 중탕볼, 실리콘 주걱, 식힘망

보관 실온 1~2일, 냉동 1개월

TIP │ 반죽의 농도는 주르르 흐르는 농도가 아니라 뚝뚝 떨어지는 농도인지 확인하세요.
두유 대신 우유를 사용해도 됩니다.
타지 않게 구워야 제대로 된 찹쌀브라우니를 맛볼 수 있어요.

| RECIPE |

1. 달걀을 풀고 설탕, 포도씨유를 넣은 후 생크림을 넣고 섞어 준다.
2. 중탕한 초콜릿을 나누어 섞어 준다.
3. 찹쌀가루, 베이킹파우더, 코코아가루를 중간체에 내려 준다.
4. ❷에 ❸을 섞은 후 두유로 농도를 맞춰 준다.
5. 농도를 확인한 후 부족하면 두유로 보충한다.

6 틀에 기름을 바르고 반죽을 80% 정도 채운 후 데코를 올린다.
7 170도로 예열된 오븐에 20~30분 정도 구운 후 살짝 식으면 틀에서 제거한다.

SNS에서 인기가 높은 퐁당꿀떡을 들어보신 적 있으신지요? 흑당퐁당꿀떡은 백설탕에 비해 짙은 색을 띠는 흑설탕을 이용한 꿀소스를 곁들인 꿀떡이에요. 대만의 흑당 버블티가 한국에서 유행하면서 다양한 흑당 음료가 사랑을 받기도 했습니다. 우리는 흑당에 찹쌀꿀떡을 퐁당 담가서 만들어 보아요.

흑당퐁당꿀떡

재료(30개 분량)

베이스 찹쌀가루 200g, 멥쌀가루 50g, 물 2~3큰술(조절)

퐁당꿀소스 물 150g, 흑설탕 150g, 올리고당시럽 30ml, 계핏가루 약간

도구 물솥, 찜기, 스테인리스 볼, 중간체, 스크래퍼, 실리콘패드, 떡비닐, 떡장갑, 냄비, 실리콘 주걱, 저울

보관 실온 1~2일, 냉동 1개월

TIP 퐁당꿀소스는 센불에서 하면 딱딱해질 수 있으니 중약불에서 하며 불 세기를 조절하세요. 콩가루나 견과류를 취향껏 곁들여도 맛있습니다.

RECIPE

1 찹쌀가루와 멥쌀가루를 중간체에 한 번 내린다.
2 물로 수분을 맞춘 후 중간체에 한 번 내려 준다.
3 김이 오른 물솥에 20분 찐다.

4 기름을 바른 떡비닐 위에 쪄진 떡살을 치댄 후, 모양을 잡아서 일정한 크기로 썰어 준다.

5 물에 흑설탕을 넣고 끓인 후, 설탕이 녹으면 올리고당시럽과 계핏가루를 넣어 퐁당꿀소스를 만들어 준다.

6 완성된 베이스에 퐁당꿀소스를 부어 완성한다.

'늪'이라는 뜻을 가진 우키시마는 찌고 난 후 떠 있는 섬 같다고 하여 지어진 화과자입니다. 일본식 찐카스텔라에서 유래하였고 우리에게는 찜카스텔라로 많이 알려져 있어요. 한 입 베어 물면 부드럽게 녹아내리는 맛을 가졌습니다. 자연스러운 두 개 층으로 만들어 보는 찜카스텔라는 천연 가루를 이용해 다양한 맛과 색을 낼 수 있어요. 오븐에 굽지 않고 찜기로 쪄 낸 글루텐 프리(gluten-free) 쌀 디저트 찜카스텔라를 만들어 보세요.

찜카스텔라

재료(1개 분량)

베이스 달걀 3개, 습식 멥쌀가루 50g, 춘설앙금 200g, 설탕 30g, 단호박가루 5g, 코코아가루 5g, 바닐라 익스트랙 약간

도구

계량컵, 계량스푼, 저울, 찜기, 중간체, 젖은 면보, 물솥, 실리콘 붓, 스크래퍼, 스테인리스 볼, 물솥, 떡비닐, 핸드믹서, 스패튤러, 짤주머니, 커플러, 유산지, 파운드틀(21.5 × 9.5 × 6.3cm)

보관

실온 1~2일, 냉동 1개월

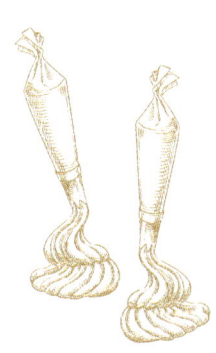

TIP 두 가지 반죽을 팬닝할 때 반드시 평평하게 담을 필요는 없습니다. 자연스러운 단면이 찜카스텔라의 매력이랍니다.

| RECIPE |

1 달걀은 흰자와 노른자를 나누어 준다.
2 춘설앙금에 노른자를 섞어 준 후 멥쌀가루 50g을 넣고 섞는다.
3 흰자는 설탕을 두세 번 나누어 넣고 단단한 머랭을 만들어 준다.
4 앙금 반죽에 머랭을 조금 넣고 섞은 후 남은 머랭과 섞어 준다.
5 바닐라 익스트랙을 넣은 후 반죽을 둘로 나누어 준다.
6 각각 단호박가루와 코코아가루를 넣어 두 가지 반죽을 만들어 짤주머니에 넣는다.

7 유산지를 깐 파운드틀에 단호박 반죽, 코코아 반죽 순서로 담아 준다.
8 김이 오른 물솥에 20분 찐 후 5분 뜸을 들인다.
9 파운드틀에서 꺼내 완성한다.

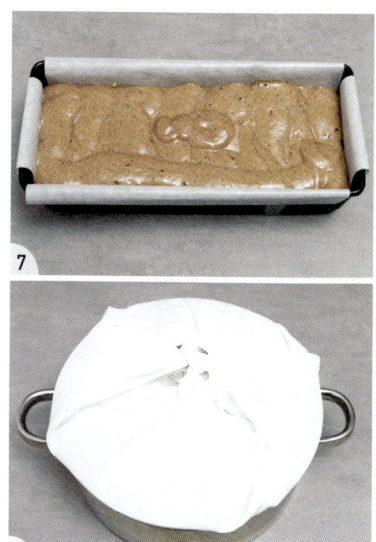

부꾸미는 기름에 지지는 떡이라 하여 '전병(煎餠)'이라고도 합니다. 일을 잘 하지 못하거나 익숙지 못한 경우 사용하는 '젬병'이라는 말은 본래 '전병'에서 유래된 말로 찹쌀을 익반죽하여 지진 전병이 눌어붙고 늘어져서 떡의 모양이 볼품없는 모양을 빗대어 생겨났다고 해요. 찹쌀가루를 익반죽해서 앞뒤로 지져 낸 후 소를 넣어서 보자기에 담아 완성하는 색다른 보자기찹쌀부꾸미를 만들어 보세요.

보자기찹쌀부꾸미

재료(10~12개 분량)	**베이스** 찹쌀가루 300g, 뜨거운 물 5~6큰술, 치자액 약간, 쑥가루 약간, 자색고구마가루 약간, 식용유 약간
	소 거피고물 100g, 꿀 약간
	시럽 설탕 100g, 물 100g
	데코 석이버섯, 흑임자 약간씩
도구	스테인리스 볼, 중간체, 냄비, 면보, 프라이팬, 뒤집개, 냄비, 원형 쟁반
보관	실온 1일, 냉동 1개월

TIP 보자기찹쌀부꾸미를 기름에 너무 오랫동안 지지면 딱딱해져서 보자기 모양으로 접을 수 없어요. 투명해지면 찹쌀부꾸미는 익은 거예요. 익는 포인트를 놓치지 마세요!

RECIPE

1 찹쌀가루는 중간체에 한 번 내린 후 네 등분해서 천연 색소로 각각 색을 낸다.
2 뜨거운 물로 익반죽한 후 젖은 면보에 30분 정도 숙성시킨다.
3 거피고물에 꿀을 넣어 7g으로 동그랗게 소를 만들어 준다.
4 반죽 25g을 직경 6~7cm 정도로 동글납작하게 만든다.

5 프라이팬에 기름을 두른 후 찹쌀부꾸미를 익혀 준다.
6 시럽을 바른 쟁반에 옮겨 소를 넣고 네 귀퉁이를 접어서 부꾸미를 완성한다.
7 데코를 올린 후 시럽을 뿌려 완성한다.

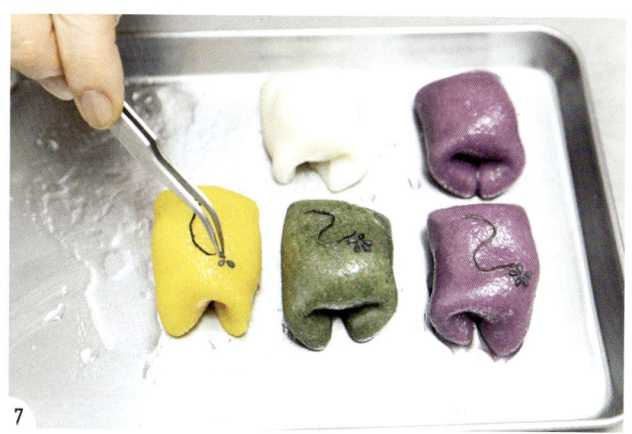

대중적인 입맛을 사로잡는 떡 재료라고 하면 단연 사계절 쉽게 구할 수 있는 단호박을 꼽아요. 단호박설기는 포근포근해서 가볍지도 과하지도 않아 먹기 좋아요. 단호박크림에서는 풍부하고 건강한 단호박의 맛이 느껴집니다. 단호박필링이 담겨 있는 떡을 입에 넣는 순간 아낌없이 넣은 재료에 감동합니다. 떡이라는 것을 잊을 정도로 무겁지 않은 펌킨미니떡케이크를 만나 볼 수 있어요.

펌킨미니떡케이크

재료(5~6개 분량)

베이스 멥쌀가루 300g, 단호박앙금 50g, 설탕 24g, 물 2~3큰술(조절)
필링 단호박앙금 100g, 설탕 50g, 물엿 15g
크림 단호박앙금 100g, 생크림 100g, 설탕 12g
데코 생단호박 50g, 물 50ml, 설탕 50g, 물엿 15g

도구

계량컵, 계량스푼, 저울, 스크래퍼, 찜기, 물솥, 스테인리스 볼, 중간체, 시루밑, 칼, 짤주머니, 몽블랑 깍지, 휘핑기, 설기떡 전용 미니 원형틀, 떡비닐, 원형 쟁반, 면보, 행주

보관

실온 1일

TIP 단호박은 깨끗이 씻어서 속을 제거한 후 엎어서 쪄야 수분이 고이지 않아 질지 않은 단호박앙금을 만들 수 있습니다.

| RECIPE |

1 생단호박을 원하는 크기로 썰어 물, 설탕, 물엿을 넣고 조린다.
2 단호박앙금과 설탕을 넣고 끓이다가 물엿을 넣고 필링을 완성한다.
3 멥쌀가루를 중간체에 한 번 내리고 단호박앙금으로 수분을 맞춘다.

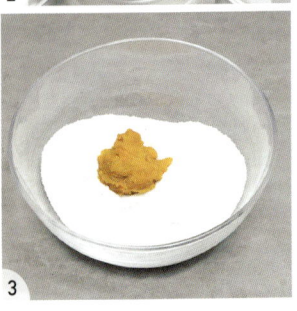

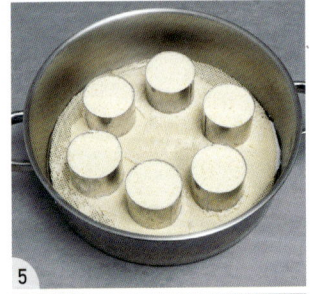

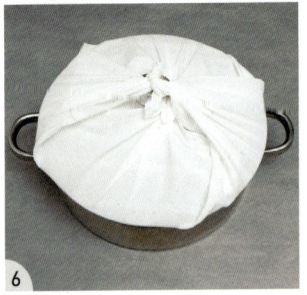

4 부족한 것은 물로 수분을 맞춘 후 중간체에 두 번 내린다.
5 설탕 2큰술을 섞은 후 미니 원형틀에 단호박쌀가루, 단호박필링, 단호박쌀가루 순서로 담는다.
6 김이 오른 물솥에 15분 찐 후 5분간 뜸을 들인다.

7 컵떡케이크를 틀에서 제거한 후 충분히 식힌다.
8 생크림에 설탕을 넣고 휘핑하다가 단호박앙금을 넣고 휘핑한다.
9 펌킨크림을 완성한다.
10 식은 단호박미니떡케이크 위에 펌킨크림을 올린 후 데코를 올려서 완성한다.

한 번도 안 먹어 본 사람은 있어도 한 번만 먹은 사람은 없다는 과자 오레오! 그만큼 많은 사람이 좋아하는 오레오는 그냥 먹어도 맛있는 디저트지만 떡케이크를 만들 때 재료로 사용하면 한층 더 트렌디한 디저트가 완성됩니다. 계속 찍어 먹게 되는 오레오설기떡 베이스에 아이싱하여 한층 더 업그레이드한 떡케이크를 만나 보세요.

오레오촉촉미니떡케이크

재료(1개 분량)	**베이스** 멥쌀가루 200g, 초코크런치 12g, 우유 2~3큰술, 설탕 25g **오레오크림** 크림치즈 40g, 설탕 20g, 생크림 70g, 오레오쿠키가루 15g **데코** 오레오쿠키, 코팅초콜릿 30g
도구	물솥, 찜기, 실리콘 시루밑, 중간체, 스테인리스 볼, 스크래퍼, 계량스푼, 떡카페용 미니 원형틀(9cm), 중탕볼, 짤주머니, 모양깍지
보관	실온 1일

TIP | 크림커버링떡케이크는 충분히 식힌 후에 아이싱을 해야 크림이 녹아 흐르지 않아요.

RECIPE

1. 멥쌀가루 200g을 중간체에 한 번 내린다.
2. 우유로 수분을 맞춘 후 중간체에 두 번 내린다.
3. 초코크런치 12g과 설탕 2큰술을 섞는다.
4. 떡카페용 미니 원형틀에 오레오쌀가루를 담는다.
5. 20분 찐 후 5분 뜸 들이고 나서 충분히 식혀 준다.
6. 크림치즈, 설탕, 생크림을 넣고 가볍게 휘핑한다.
7. 오레오쿠키가루를 넣고 휘핑하여 오레오치즈크림을 완성한다.

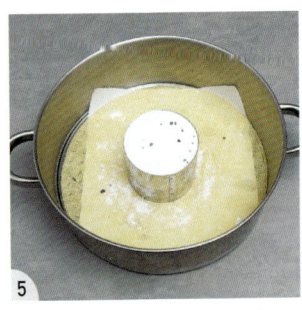  

8 식은 떡케이크에 오레오치즈크림으로 커버링을 한다.
9 코팅초콜릿을 중탕하여 아이싱한 떡케이크 사이드에 뿌려 준다.
10 오레오쿠키로 데코하여 완성한다.

화학적인 첨가물 없이 무방부제로 만드는 착한 우리의 찹쌀떡이에요. 완성된 초코찹쌀떡을 중탕한 초콜릿에 퐁당 담가서 초콜릿 맛을 듬뿍 담은 찹쌀떡이랍니다. 자연해동으로 먹어도 좋고, 아이스 찹쌀떡으로도 먹을 수 있어요.

초코퐁당찹쌀떡

재료(10~12개 분량)
- **베이스** 찹쌀가루 180g, 코코아가루 4g, 물 3~4큰술(조절)
- **소** 팥앙금 100g, 초코칩 20g
- **데코** 코팅초콜릿 200g

도구 계량컵, 계량스푼, 저울, 스크래퍼, 찜기, 물솥, 스테인리스 볼, 중간체, 시루밑, 중탕볼, 떡비닐, 원형 쟁반, 면보, 행주

보관 실온 1~2일, 냉동 2개월

TIP | 초코퐁당찹쌀떡은 삶는 떡 방식으로 익반죽해서 삶은 후, 초콜릿코팅을 해서 완성할 수 있어요.

RECIPE

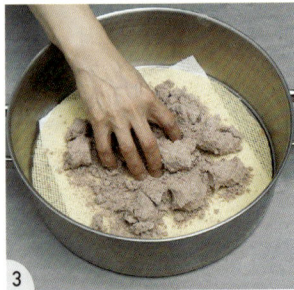

1 찹쌀가루, 코코아가루를 넣고 중간체에 한 번 내린다.
2 물로 수분을 맞춘 후 중간체에 한 번 내린다.
3 김이 오른 물솥에 25분을 쪄 준다.

4 팥앙금, 초코칩을 섞은 후 10g씩 분할하여 소를 만들어 준다.
5 쪄진 초코찰떡을 치대어 준다.
6 20g씩 분할한 후 초코소를 넣어 준다.

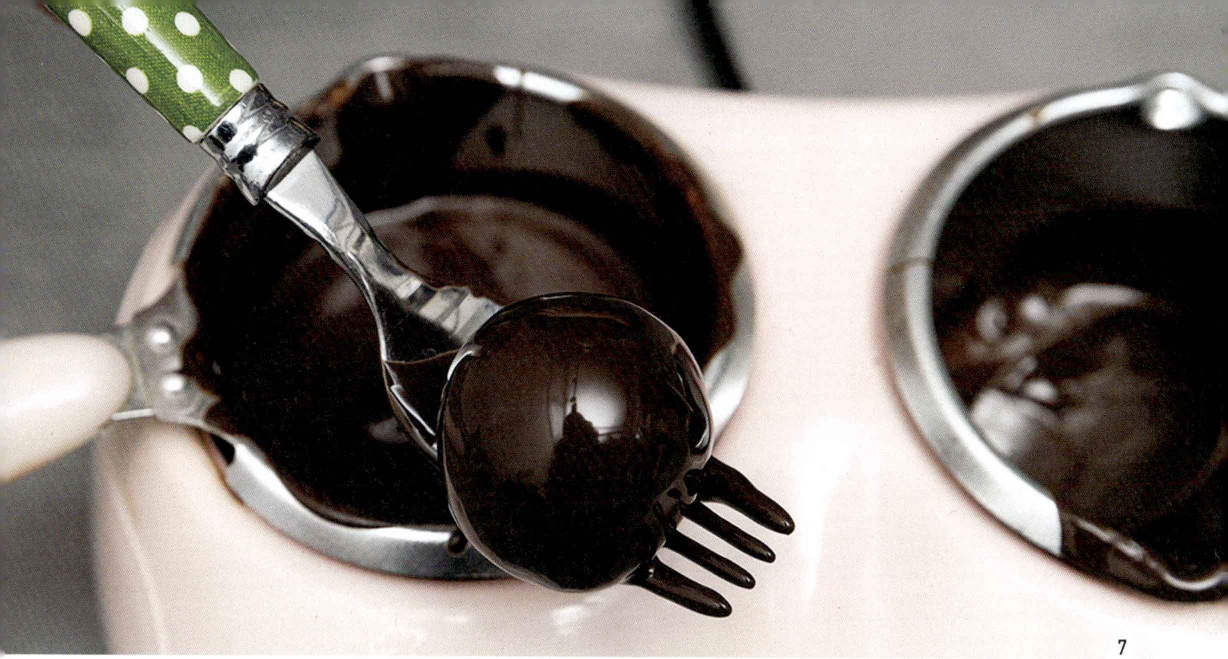

7

7 코팅초콜릿을 중탕한 후 초코찰떡을 담갔다가 꺼내 준다.

8 테플론시트 위에서 굳혀 완성한다.

8

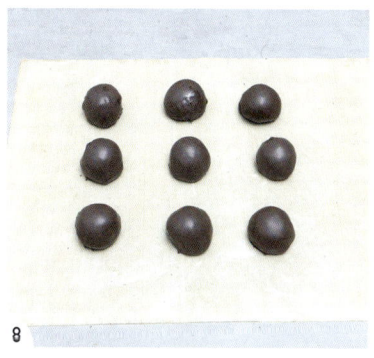

떡케이크를 도시락에 담아 '도시락떡케이크'라고 불러요. 떡케이크와 앙금을 함께 먹을 수 있어 아주 부드러운 맛을 느낄 수 있어요. 큰 사이즈의 떡케이크가 부담스러운 모임에 너랑 나랑 둘이 먹을 수 있는 귀여운 사이즈의 앙금떡케이크를 만들어 보세요.

X-MAS 도시락떡케이크

재료(1개 분량)

베이스 멥쌀가루 200g, 설탕 24g, 우유 2~3큰술(조절)

앙금 아이싱 춘설앙금 200g, 우유 30~45ml(조절), 윌튼색소(모스그린, 화이트, 레드)

도구

찜기, 물솥, 미니 원형무스틀(11cm), 계량컵, 계량스푼, 저울, 중간체, 면보, 스테인리스 볼, 깍지 2번, 깍지 34번, 실리콘 주걱, 짤주머니

보관

실온 1일

TIP | 천연 색소를 사용해서 색을 조색해도 됩니다.
메시지 레터링 앙금크림의 농도가 되면 글씨가 끊어지니 질게 농도를 맞춰 보세요.

RECIPE

<u>1</u> 멥쌀가루를 중간체에 한 번 내리고 우유로 수분을 맞춘다.
<u>2</u> 수분을 맞춘 쌀가루를 중간체에 두 번 내린다.
<u>3</u> 설탕을 섞는다.
<u>4</u> 미니 원형무스틀에 쌀가루를 담은 후 김이 오른 물솥에 20분 찐 후, 5분 뜸을 들인다.
<u>5</u> 춘설앙금을 우유로 농도를 조절해서 앙금크림을 만든다.
<u>6</u> 초록색, 흰색, 빨간색 색앙금크림을 조색한다.
<u>7</u> 떡케이크가 완전히 식으면 떡케이크 띠를 두른 후 흰색앙금크림으로 아이싱한다.

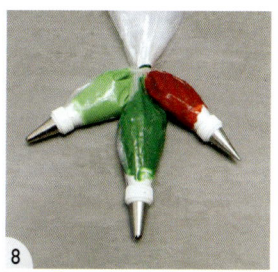

8 짤주머니에 깍지를 낀 후 초록색 투 톤 앙금크림, 빨간 앙금크림을 담아 준다.

9 빨간 앙금크림으로 레터링한다.

10 초록색 투 톤으로 테두리를 짜 주어 완성한다.

제과에서 롤케이크가 있다면 떡으로도 롤떡케이크를 만들 수 있어요. 떡 안에 부드러운 앙금크림을 바르고 상큼하게 쏙 씹히는 딸기를 넣어 돌돌 말아서 완성합니다.

딸기롤떡케이크

재료(1개 분량)	**베이스** 멥쌀가루 100g, 찹쌀가루 50g, 딸기향가루 4g, 딸기즙 20~30ml(조절), 설탕 20g
	앙금크림 백앙금 100g, 크림치즈 50g, 생크림 20g, 딸기 약간
도구	찜기, 물솥, 중간체, 스크래퍼, 계량스푼, 계량컵, 사각무스틀 1호, 종이 포일, 휘핑기, 짤주머니, 스패튤러, 실리콘 주걱
보관	실온 1일

TIP | 냉동 딸기는 녹으면 수분이 생기므로 꼭 생딸기를 사용하세요.

RECIPE

1   멥쌀가루, 찹쌀가루, 딸기향가루를 넣고 중간체에 한 번 내린다.
2   딸기즙으로 수분을 맞춘 후 중간체에 두 번 내린다.
3   설탕을 넣고 사각무스틀에 담는다.
4   스크래퍼로 딸기쌀가루 표면을 정리해 준다.
5   김이 오른 물솥에 20분 찐 후 5분 뜸을 들인다.
6   앙금, 크림치즈, 생크림을 넣고 휘핑하여 앙금크림을 완성한다.
7   충분히 식은 떡 베이스에 앙금크림을 올린 후 골고루 크림을 발라 준다.

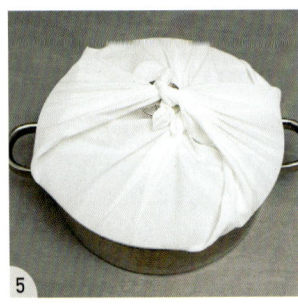  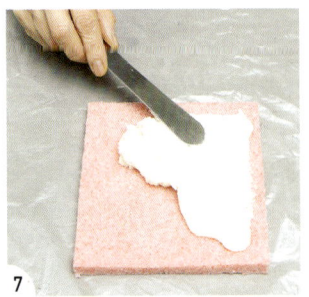

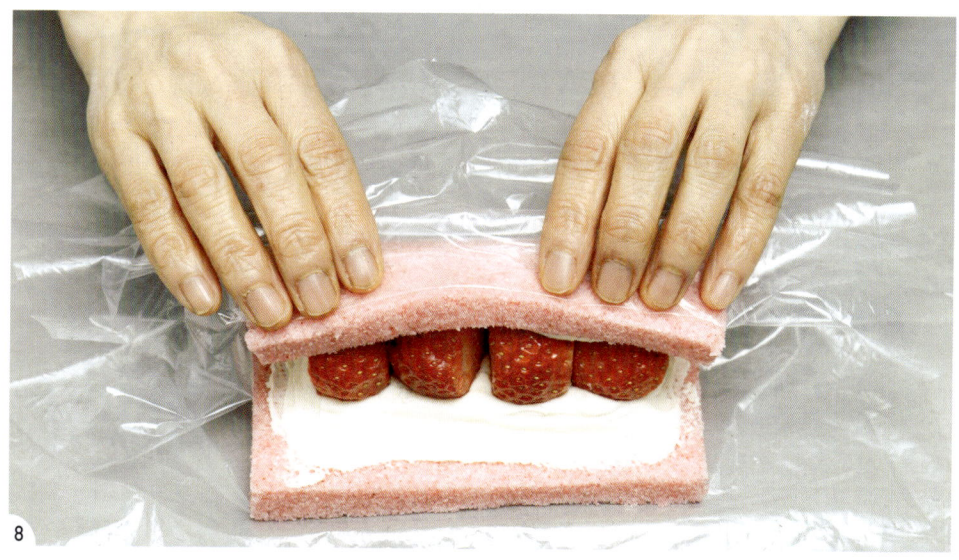

8

8 앙금크림 위에 딸기를 나란히 올려 준다.
9 베이스를 돌돌 말아서 딸기롤떡케이크를 완성한다.

9

고속도로 휴게소의 별미 천안의 명물 호두과자를 드셔 보셨나요? 찹쌀로 만든 빵 같은 식감을 지닌 호두찰빵 안에 달지 않은 수제 팥필링을 직접 만들어서 구워요. 이제 집에서 내 손으로 우리의 찹쌀가루로 호두찰빵을 만들어 보세요. 답례품이나 선물용으로도 추천합니다.

호두찰빵

재료(20개 분량)	**베이스** 달걀 1+1/2개, 설탕 50g, 찹쌀가루 220g, 베이킹파우더 4g, 포도씨유 30ml, 우유 50~80ml(조절) **팥필링** 호두분태 20g, 팥고물 130g, 꿀 약간
도구	스테인리스 볼, 손잡이 거품기, 고무 주걱, 중간체, 호두팬, 오븐팬, 식힘망, 오븐
보관	실온 1~2일, 냉동 1개월

TIP 팥고물이 없을 경우는 시판되는 팥앙금을 사용해도 됩니다.
고구마, 호박, 크림치즈 등과 같은 재료로 다양하게 필링을 응용해도 됩니다.

| RECIPE |

1. 달걀에 설탕을 넣어 녹인 후 포도씨유를 섞는다.
2. 찹쌀가루, 베이킹파우더를 중간체에 한 번 내린다.
3. ❶에 ❷를 섞는다.
4. 우유로 수분을 맞춘다.
5. 농도를 체크하고 베이스를 완성한다.

6   호두분태, 팥고물에 꿀로 농도를 맞추어 팥필링을 완성한다.

7   호두팬에 팬닝하고 170도로 예열된 오븐에 20~25분 정도 구운 후 식힘망에 식혀 완성한다.

PART III

K-디저트 : 주전부리 2

호두강정
곶감단지
회오리깨강정
금귤정과
퓨전약과
색편강
개성주악
견과오븐강정
인삼편정과
붉은팥밤양갱
흑임자꽃다식
파인애플구움과자
커피곤약젤리

호두는 뇌를 닮아 두뇌 활동을 원활하게 해 주고 호두의 기름은 기관지에 좋다고 합니다. 호두강정은 시럽을 입혀 단맛이 나고 더 고소해 차와 곁들이는 티푸드로도 좋고, 견과류를 싫어하는 아이들에게 간식으로도 좋습니다. 특히 호두는 뇌 발달에도 좋다고 하니 나이 드신 어르신이나 성장기 아이들에게 더 좋겠죠?

호두강정

재료(10회분)
(20~25g이 하루 적정량이라고 한다)

베이스 호두 250g, 물 2컵, 설탕 1컵, 물엿 1컵, 소금 조금

도구 냄비, 실리콘 주걱, 중간체, 오븐, 넓은 쟁반

보관 밀폐용기에 담아 실온 1개월

TIP | 시럽이 반 줄어들 때까지 조리고, 이때 시나몬 스틱을 기호대로 넣어 주어도 좋습니다. 시나몬 스틱은 일찍 넣으면 향이 날아가니 불을 끄기 10분 전쯤 넣으세요.

RECIPE

1. 호두를 뜨거운 물에 소금을 넣고 살짝 데친다
2. 물과 설탕, 물엿을 넣고 끓여 준다.
   설탕이 다 녹으면 데친 호두를 넣고 약불에서 서서히 조린다.
3. 시럽이 자작하게 졸여지면 체에 받쳐 시럽을 제거한다.
4. 예열된 150도 오븐에서 15분 정도 구워 준다.
5. 다 구워지면 꺼내서 넓은 쟁반에 올려 식혀 준다.

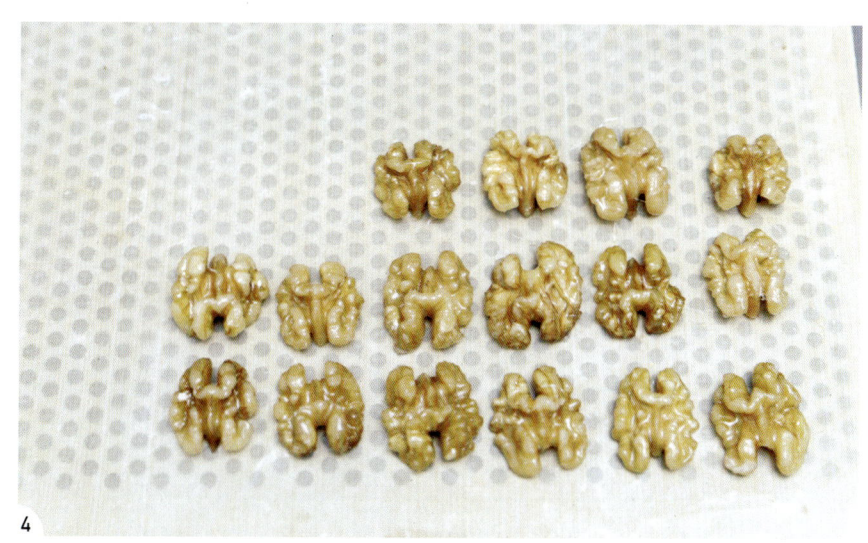

4

5

《시의전서》에 건시단자가 있는데 그것의 새로운 응용이라 볼 수 있습니다. 건시단자는 삶은 밤을 사용했는데 여기서는 찐밤은 물론 호두와 상큼한 유자로 맛을 내 더욱 매력 있는 맛의 디저트로 만들었습니다.

곶감단지

재료(8개 분량)

베이스 호두강정 220g, 반건조 곶감 8개(개당 50g 정도), 대추 180g, 유자청(건지) 200g, 찐밤 50g, 꿀 2큰술, 계핏가루 1/2작은술

도구 넓은 볼, 도마, 칼, 주걱

보관 냉동에서 2개월

TIP | 호두는 잘게 자르세요. 호두 알갱이가 크면 곶감이 상처를 입어 터질 수 있어요.

RECIPE

1 호두강정은 곱게 다지고 대추는 씨를 빼고 곱게 채를 쳐 준비한다.
2 찐밤은 으깨어 준다.
3 손질한 재료들과 유자채, 꿀과 계핏가루를 첨가하여 잘 버무려 준다.
4 유자청으로 속 재료의 되직한 정도를 조절하여 준다.

5 곶감 꼭지와 씨를 제거하고 속을 조금씩 넣으며 겉이 터지지 않게 채워 성형해 준다.

6 잘 성형한 후 냉동실에서 굳혀 썰어 준다.

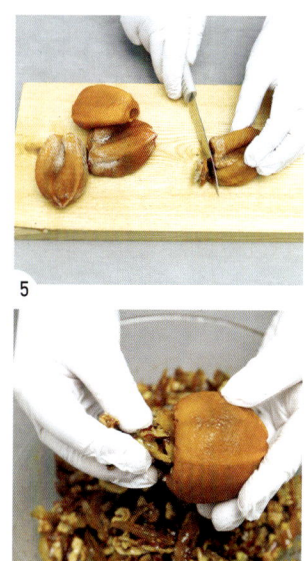

큰상 차림에 빠지지 않던 깨강정입니다. 예전에는 조청을 이용해 만들었지만 현재는 설탕과 물엿을 이용해 만듭니다. 참깨의 고소함에 반죽을 첨가해 만들어 좀 더 부드러운 식감으로 즐길 수 있습니다. 주전부리나 디저트로도 손색없답니다.

회오리깨강정

재료(20개 분량 : 7㎜ 두께)
- **베이스** 흰깨 60g, 코코아분말 5g, 볶은 콩가루 50g, 올리고당시럽 30g, 식용유 조금
- **시럽** 물 3큰술, 설탕 100g, 물엿 240g, 소금 한 꼬집

도구 냄비, 위생팩, 실리콘 주걱, 칼, 도마

보관 밀폐용기에 담아 실온 1개월

TIP | 시럽을 너무 끓이면 강정이 딱딱해지고 잘 안 말라요.

| RECIPE |

시럽 만들기

1. 냄비에 물과 설탕, 물엿, 소금을 넣어 재료들이 녹을 정도로 끓여 준다.
2. 재료들이 끓으면 불을 끄고 중탕으로 하여 식지 않게 두고 사용한다.

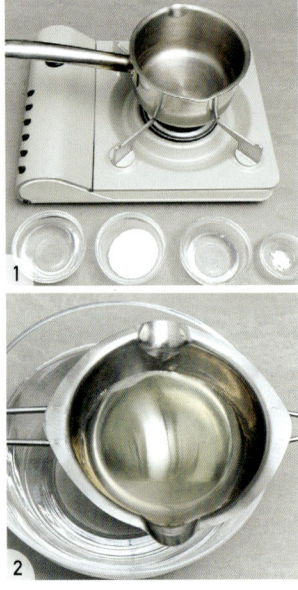

강정 만들기

1. 볶은 콩고물을 올리고당시럽으로 반죽하여 3mm 정도의 두께로 얇게 밀어 직사각형 모양으로 만들어 준비한다.
2. 흰깨를 냄비에 볶아 준 다음 시럽을 2큰술 넣고 버무려 준다.

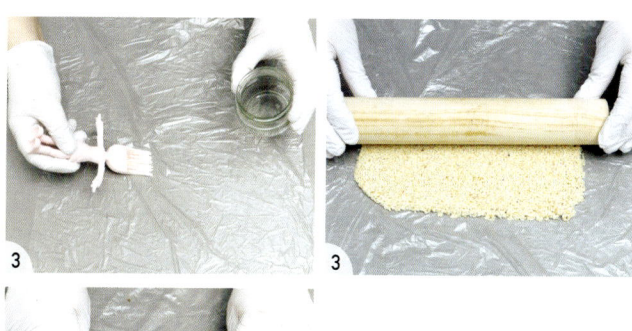

3 시럽에 버무린 깨를 기름 바른 위생팩에 담아 5mm 두께의 직사각형 모양으로 밀어 준다.
4 밀어 놓은 깨강정 위에 볶은 콩가루 밀어 놓은 것을 올려 김밥처럼 돌돌 말아 준다.
5 말아 놓은 강정이 굳으면 7mm 정도의 두께로 썰어 낸다.

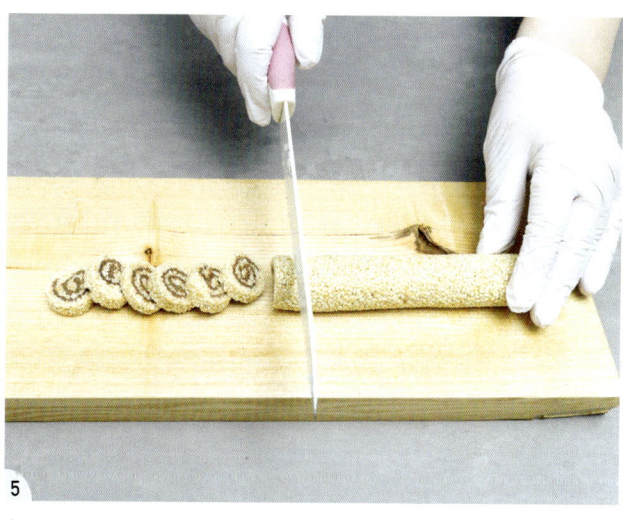

식물의 뿌리나 열매 등을 꿀이나 엿에 쫄깃하고 윤이 나게 조린 과자를 '정과'라고 합니다. 금귤을 사계절 즐기기 위해 정과로 만들어 두고 보관하여 먹습니다. 금귤정과는 차와 곁들이기에도 좋습니다.

금귤정과

재료(25인분)*

베이스 금귤 500g, 설탕 100g, 물엿 300g, 물 50g, 소금 1g

금귤 세척 식초, 베이킹소다

*보통 티푸드를 낼 때 3~4개씩 담는 것을 기준으로 한 접시 4개씩 담아 25인분.

도구 칼, 도마, 냄비, 넓은 채반, 밀폐용기

보관 실온 15일, 냉동에서 12개월

TIP | 오래 조리지 않아요. 너무 조리면 건조 후 딱딱해질 수 있어요.

RECIPE

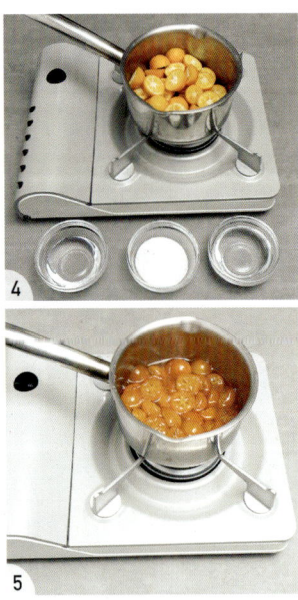

1 금귤은 베이킹소다를 뿌려 두었다 흐르는 물에서 깨끗이 씻어 준비한다.
2 가로 방향으로 반을 잘라 준다.
3 대나무 꼬지나 뾰족한 도구를 이용해 씨를 제거해 준다.
4 두꺼운 냄비에 담아 설탕을 뿌려 3~4시간 절여 둔다.
5 냄비를 올리고 약불로 하여 물엿과 물, 소금을 넣고 끓기 시작하면 잘 저으며 거품을 걷어 주고, 서서히 7분 정도 끓인 후 완전히 차게 식히기를 2회 반복한다.
6 어레미에서 시럽을 빼고 모양을 잡은 후 채반에 널어 꾸덕꾸덕하게 말려 냉동 보관한다.

《규합총서》에서 유밀과라 하는데 이는 약과를 말하며, 꿀은 모든 약의 대표라고 하여 꿀이 들어가는 음식에 '약'자가 들어가 있습니다. 이런 전통 약과를 재료를 조금 달리하여 좀 더 부드럽게 만든 퓨전약과는 만들기도 쉽고 누구나 맛있게 즐길 수 있는 과자랍니다.

퓨전약과

재료(18개 분량) (주물틀 중간 사이즈)	**베이스** 계란 120g, 설탕 100g, 포도씨유 20g(또는 버터 20g), 중력분 250g, 찹쌀가루 60g, 도넛가루 50g, 튀김용 식용유 **집청시럽** 조청 500g, 물 160g, 생강 30g, 계핏가루 ½작은술(또는 통계피 20g)
도구	볼, 실리콘 주걱, 중간체, 넓은 비닐, 약과주물틀(중간 사이즈), 튀김냄비, 건짐망, 넓은 쟁반
보관	실온 2주

TIP | 반죽은 너무 되지 않게 해 주세요. 시럽이 잘 안 배어들고 식감도 안 좋아요.

RECIPE

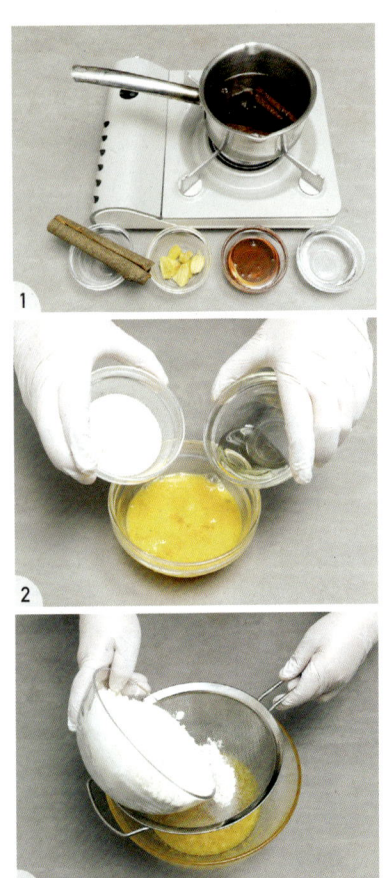

1 집청시럽 재료를 모두 넣어 끓기 시작하면 중불로 줄여 5분 정도 끓인 후 식혀 둔다.
2 풀어 둔 달걀에 설탕을 3~4회 나누어 넣고 식용유를 넣어 잘 섞는다.
3 재료와 섞은 달걀에 체를 친 가루를 넣고 반죽하여 1시간 정도 휴지시킨다.
4 반죽을 20g씩 떼어 약과틀에 식용유를 바르고 틀에 찍어 낸다.
5 150~160도의 튀김 기름에서 노릇하게 튀겨 낸다.
6 집청시럽에 담갔다 건진 후 여분의 시럽을 뺀 후 포장한다.

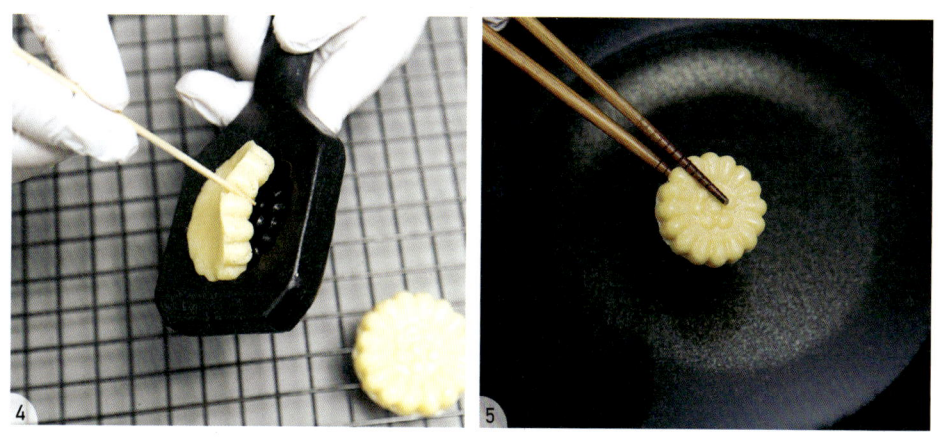

생강을 얇게 슬라이스로 잘라 설탕에 조려 각설이 되도록 만든 것입니다. 색을 입혀 시각적으로 다양한 아름다움을 느끼며 먹을 수 있으며 생강의 매운맛 진저롤은 위에도 좋고 체온을 높이는 효과도 있다고 합니다.

색편강

재료(4개 분량)	**베이스** 생강 150g, 소금 한 꼬집, 설탕 110g
	조색 치자분말, 녹차가루, 천년초가루, 자색고구마가루 등
도구	칼, 도마, 주걱, 냄비
보관	밀폐용기에 담아 실온 6개월

TIP | 시럽을 덜 조리고 꾸덕꾸덕하게 한 다음 설탕을 묻혀 촉촉한 편강으로 먹어도 좋아요.

| RECIPE |

1 껍질을 벗긴 생강을 2mm 정도 두께로 썰어 준다.
2 끓는 물에 소금을 넣고 데쳐 낸 다음 찬물에 헹궈 물기를 제거해 준다.
3 냄비에 데쳐 낸 슬라이스 생강을 분량의 70% 정도의 설탕과 색 재료를 넣고 녹으면 중불로 줄인다.
4 끓기 시작하면 불을 약하게 줄이고 은근히 조린다.

5 시럽이 졸아들고 가장자리가 하얗게 각설이 되면 불을 센불로 올리고 나머지 설탕을 넣고 빠르게 저어 준다.
6 넓은 쟁반에 펼쳐 식힌다.

혼례 때 폐백이나 이바지 음식으로 쓰이기도 하지만 생막걸리로 반죽해 약간 발효하여 튀겨 부드러우며 집청의 단맛으로 맛도 좋아 누구나 즐길 수 있는 과자입니다. 가운데를 눌러서 튀겨 흡사 미니 도넛 같기도 해서 아이들도 좋아할 전통 디저트랍니다.

개성주악

재료(약 35개 분량)	**베이스** 찹쌀가루 300g, 밀가루 60g , 설탕 60g, 막걸리 60g, 끓는 물 20g, 튀김용 기름 **집청시럽** 조청 1컵, 물 1/2컵, 생강 15개
도구	볼, 주걱, 나무젓가락, 냄비, 튀김냄비, 온도계, 채반, 건짐망, 쟁반
보관	실온 2일

| RECIPE |

집청시럽 만들기

1. 냄비에 물과 조청, 생강은 슬라이스해서 넣고 강불에서 끓인다.
2. 끓기 시작하면 불을 줄여 5분 정도 더 조려 주고 불을 끈다.

개성주악 만들기

1. 찹쌀가루와 밀가루를 중간체에 내려 준다.
2. 체에 내린 가루에 설탕을 넣고 막걸리와 끓는 물을 넣고 치대어 반죽한다.

3   반죽을 조금 떼어 지름 3~4cm, 두께 1cm 정도의 둥글납작한 모양으로 만들어 가운데를 눌러 준다.
4   기름 온도 180도에서 한 번 튀겨 낸 다음 150도에서 다시 한 번 튀겨 낸다.
5   튀겨 낸 주악은 만들어 놓은 시럽에 담갔다 건진다.

견과류를 먹기 좋은 과자 형태로 오븐에 구운 과자로 출출할 때 안성맞춤인 간식거리입니다. 먹기 시작하면 손이 멈추지 않는 단점이 있지만 두세 개만 먹어도 하루치 견과 섭취량을 채울 수 있답니다.

견과오븐강정

재료 (15개 분량)

베이스 호두 60g, 아몬드 60g, 캐슈넛 60g, 설탕 40g, 달걀흰자 1개, 버터 20g, 시나몬가루 1/3작은술, 박력쌀가루 20g

도구

칼, 도마, 볼(큰 사이즈, 중간 사이즈), 거품기, 오븐팬, 실리콘 주걱

보관

실온 7일

RECIPE

1. 견과류는 썰어서 오븐에서 170도로 10분 정도 로스팅한다.
2. 달걀흰자에 설탕을 두 번 나누어 섞어 준다.
3. 중탕한 버터를 넣는다.
4. 시나몬가루와 박력쌀가루를 섞어 준다.

5 견과류를 넣고 잘 섞어 준 다음 1시간 정도 숙성시킨다.
6 직경 6cm 정도로 팬닝한 후 오븐에서 160~165도로 20~25분 정도 굽는다.

시간이 오래 걸리고 불 조절이 까다로운 통정과보다 작업이 쉽고 먹기도 편한 편정과입니다. 건조 정도에 따라 질감 조절이 가능하고, 윗면에 수를 놓아 상차림을 화사하고 고급스런 분위기로 연출할 수 있는 전통 한과입니다.

인삼편정과

재료(약 60조각)	**베이스** 인삼 200g, 설탕 40g, 물엿 450g, 소금 2g, 꿀 20g, 인삼 달인 물 100g
도구	도마, 칼, 궁중팬, 주걱, 채반
보관	실온 7일, 냉장 1개월

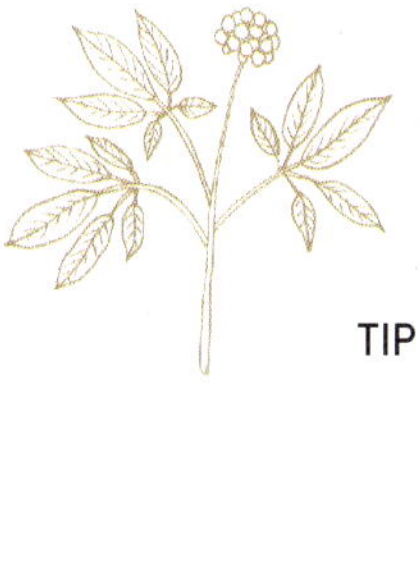

TIP | 너무 센불에서 하면 인삼이 뭉그러질 수 있어요.

RECIPE

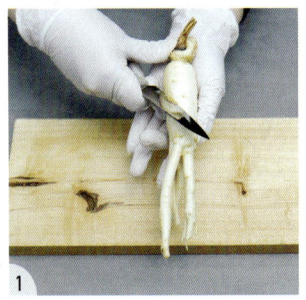 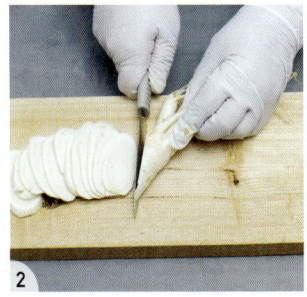 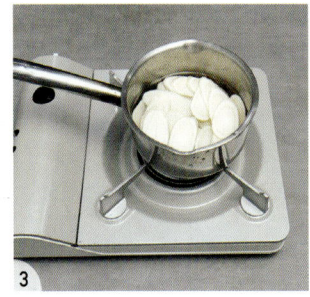

1 인삼은 몸통이 실하고 굵기가 고른 것으로 준비해 껍질을 칼로 긁어 벗긴다.
2 잔뿌리는 잘라 내고 몸통을 3mm의 두께로 어슷하게 슬라이스한다.
3 냄비에 인삼을 넣고 인삼이 잠길 정도의 물을 넣어 중약불로 5분 정도 삶아 건져 내고 물을 따로 둔다.
4 냄비에 익힌 인삼과 삶은 물, 설탕, 소금, 물엿을 넣고 약불로 조린다.
5 10분 정도 조려 인삼이 말간 빛을 띠게 될 때 꿀을 넣고 불을 끈 다음, 뜸을 들이고 시럽이 식을 때까지 그냥 둔다.

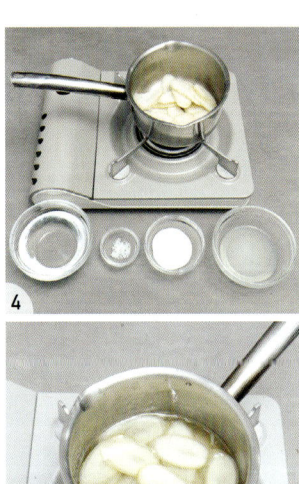

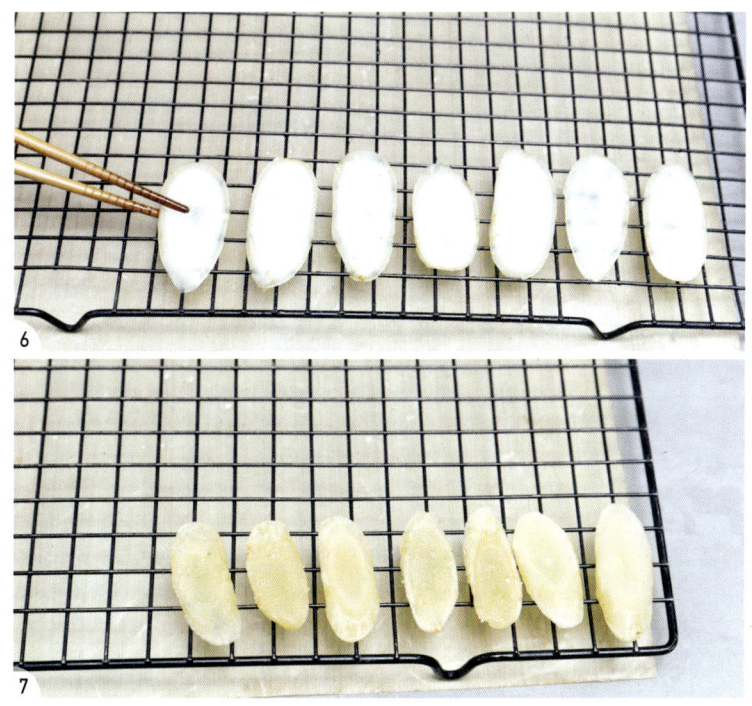

6   시럽이 식으면 인삼의 시럽을 제거하고 인삼은 채반에 넣어 바람이 잘 통하는 곳에 뒤집어가며 건조시킨다.
7   완성되면 겉에 설탕을 묻혀 보관하고 먹는다.

전통 다과로 생각하지는 않지만 예전 궁중의 내의원에서 만들었던 전약이 이와 비슷한 것이라고 합니다. 한천가루를 이용해 부드럽고 탱탱한 식감이 누구나 좋아하는 맛이지만 여기에 다양한 견과나 부드러운 페이스트 등으로 만들어 먹을 수 있는 디저트입니다.

붉은팥밤양갱

재료 (6조각*)
*스테인리스 틀 기준 5cm

베이스 시판 붉은팥앙금 250g, 물 120g, 한천가루 4g, 옥수수전분 2g, 설탕 30g, 물엿 20g, 밤조림 80g

도구 실리콘 주걱, 냄비, 양갱틀

보관 실온에서 2일

TIP | 팥앙금 대신 삶은 단호박, 찐밤, 찐고구마 등으로 대체하여도 다양한 맛을 즐길 수 있어요. 전분은 생략해도 됩니다.

RECIPE

1. 냄비에 물을 넣고 한천가루를 풀어 끓여 준다.
2. 물이 끓으면 설탕과 팥앙금을 넣고 풀어 준다.
3. 뭉근히 조리다 전분을 넣고 조금 더 끓여 준다.
4. 팥양갱이 조려지면 밤조림을 넣고 뭉근히 2~3분 끓여 준다.
5. 마지막에 물엿을 넣고 2분 정도 더 조린 후 불을 끈다.
6. 조려진 양갱을 틀에 넣어 굳힌다.

6

6

흑임자가루에 기름을 빼서 그 위에 청포가루에 색을 입혀 모양을 찍어 내는 전통 한과입니다. 모양이 화려하고 흑임자의 고소함이 일품이어서 다과상의 꽃이라 불리기도 한답니다.

흑임자꽃다식

재료(50개 분량)
- **베이스** 흑임자 200g, 물엿 100g, 슈가파우더 10g, 소금 1g
- **조색** 청포가루 80g, 물엿 45g, 꿀 5g

도구 유리볼, 찜기, 물솥, 방망이, 다식틀

보관 실온 10일, 냉동 3개월

TIP | 흑임자의 기름을 잘 빼 주어야 해요. 기름이 많으면 꽃과 분리될 수 있어요.

RECIPE

조색 반죽 만들기

청포가루에 물엿, 꿀을 넣고 버무린 후 원하는 색을 섞어가며 색을 입힌 다음 다식틀에 성형한다.

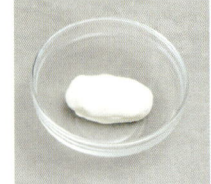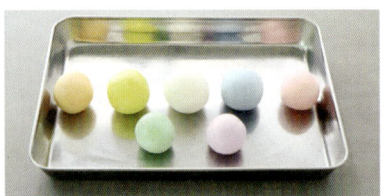

흑임자꽃다식 만들기

1 흑임자와 소금, 물엿을 섞어 반죽해 준다.
2 김이 오른 찜기에 흑임자 반죽을 그릇에 담아 넣고 10분간 찐다.
3 반죽을 꺼내 방망이로 찧어 준다.
4 반죽의 기름기를 면보나 유산지를 이용해 충분히 빼 준다.
5 쪄낸 흑임자 반죽에 슈가파우더를 넣고 다시 찜기에 찌고 난 후 기름기를 빼 준다.
6 다식틀에 기름칠을 해 준다.

7 다식틀의 음각 모양에 조색 반죽을 먼저 넣고 다식봉을 덮은 후 흑임자로 채우고 눌러서 완성한다.

대만의 펑리수를 모티브로 만든 과자로 파인애플 과일을 조려서 소로 만들어 오븐에 구워 낸 것입니다. 겉은 바삭하고 속은 달콤하고 촉촉하고 상큼해서 손이 자꾸 가는 과자랍니다.

파인애플구움과자

재료(10개 분량)	**파인애플잼** 파인애플 1kg, 물엿 200g, 레몬엑기스 2작은술
	쿠키 반죽 버터 150g, 설탕 95g, 달걀 55g, 박력분 240g, 옥수수전분 20g, 탈지분유 20g
도구	칼, 도마, 볼, 냄비, 전자저울, 실리콘 주걱, 핸드믹서, 미니 사각팬, 오븐, 식힘망
보관	실온 3일, 냉장 7일

RECIPE

파인애플 앙금 만들기

1. 파인애플을 믹서에 간 후 냄비에 조린다.
2. 수분이 어느 정도 날아가면 물엿, 레몬엑기스를 넣고 한 덩어리로 뭉쳐질 때까지 조려 준다.
3. 완전히 식힌 뒤 20g 정도로 등분해 둥글려 놓는다.

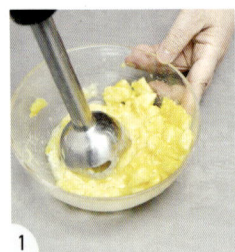   

쿠키 반죽 만들기

1. 실온 버터에 설탕을 넣어 휘퍼로 부드럽게 풀어 준다.
2. 설탕을 넣은 버터에 달걀을 두세 번 나누어 섞어 준다.
3. 가루류는 체를 쳐서 넣어 자르듯이 섞어 한 덩어리로 뭉친다.
4. 반죽은 30g씩 소분하여 둥글려 준비해 놓은 파인애플 소를 넣고 감싸 준다.
5. 소를 넣은 반죽은 사각팬에 팬닝하여 180도로 예열한 오븐에 13~15분 구워 준다.
6. 다 구워지면 꺼내어 식힘망에서 식혀 준다.

PART III · K-디저트 : 주전부리2　189

커피곤약젤리는 피부 미용과 다이어트에도 좋은 디저트입니다. 이를 응용해서 만드는 우유곤약젤리는 성장기 아이들 간식으로도 좋습니다. 곤약분말은 구약감자의 전분이 원료인데 여러 가지 재료로 다양하게 즐길 수 있는 장점이 있습니다. 차게 먹으면 더 맛있습니다.

커피곤약젤리

재료 (5회 분량)　　**베이스** 물 500g, 커피가루 5g(에스프레소 한 잔), 설탕 80g, 곤약분말 4g

도구　　전자저울, 궁중팬, 실리콘 주걱, 사각 밀폐용기

보관　　냉장 3일

| RECIPE |

1 물, 커피, 곤약분말, 설탕을 준비한다.
2 냄비에 물과 커피를 넣고 곤약분말을 풀어 끓여 준다.
3 물이 끓으면 설탕을 넣고 녹인 후 불을 끈 다음 한 김 식힌다.
4 한 김 식힌 커피곤약을 그릇에 담아 굳혀 냉장 보관해 먹는다.

응용

우유곤약젤리

재료(5회 분량)　　**베이스** 우유 500g, 물 3큰술, 생강 5g, 곤약분말 4g, 설탕 80g

도구　　전자저울, 궁중팬, 실리콘 주걱, 사각 밀폐용기

RECIPE

1 곤약분말, 생강, 물, 우유, 설탕을 준비한다.
2 냄비에 물과 우유, 생강을 넣고 곤약분말을 넣어 풀어 준 다음 끓여 준다.
3 완전히 끓으면 설탕을 넣고 불을 끈 다음 한 김 식힌다.
4 한 김 식힌 후 파우치나 그릇에 담아 굳힌 다음 냉장 보관해서 먹는다.

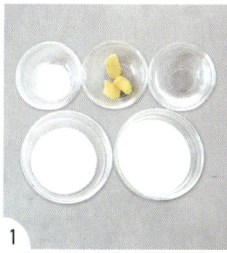 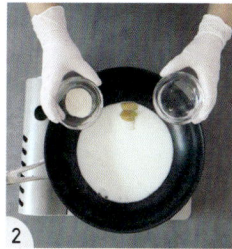  

TIP | 우유는 넘칠 수 있으니 계속해서 저으며 끓여 주세요.
불을 끄고도 잠시 더 저어 줘야 유단백이 엉기지 않아요.

PART IV

K-디저트 : 마실거리

오미자화채
금귤화채
떡수단
모과생강차
여왕의 차
황제의 차
장미꽃음료
아카시아꽃음료
과일막걸리
사과계피에이드
유자에이드
백설라떼

'다섯 가지 맛이 난다'고 해서 오미자라고 합니다. 오미자 화채는 오미자를 우린 물에 단맛을 주고 과일을 잘게 썰어 넣어 즐기는 음료입니다. 더운 여름 마시면 갈증을 해소해 준다고 하니 땀을 흘린 후 마시면 더 좋습니다.

오미자화채

재료(5잔 분량)	마른 오미자 50g, 물 1L, 설탕 150g(또는 꿀 동량), 배 반쪽, 잣 1T
도구	소독한 병, 도마, 칼, 꽃모양 고명틀
보관	냉장 보관 3일

1   1   2   3

1 마른 오미자는 찬물에 깨끗이 씻어 준비한다.
2 냉수를 병에 담고 세척한 오미자를 넣어 10시간 정도 우려 둔다.
3 우려진 오미자를 물만 걸러 놓고 마신다.

TIP | 설탕이나 꿀을 넣어 줍니다.
배는 5mm 두께로 슬라이스해 모양 깍지로 모양을 내 놓습니다.
오미자 국물을 그릇에 담아 배를 넣고 잣을 띄워 냅니다.

금귤을 가로로 슬라이스해 당절임하여 물과 희석하여 마시는 음료로 사계절 내내 즐기기에 좋습니다. 적당히 새콤하고 달콤한 맛에 지나치게 자극적이지 않아 누구나 즐기기에 좋으며 떡이나 담백한 디저트에 곁들이면 좋습니다.

금귤화채

재료(50잔 분량) 금귤청, 금귤 300g, 설탕 300g

도구 스테인리스 볼, 칼, 도마

보관 실온 6개월, 냉장 1년

1 금귤을 슬라이스한다.
2 슬라이스한 금귤을 설탕에 버무려 준다.
3 설탕을 완전히 녹인 후 5일 정도 숙성시켜 먹는다.

TIP 잔에 금귤청 60g에 얼음 1~2개와 탄산수 150ml를 넣고 애플민트나 허브잎으로 장식합니다.

마실거리와 요기를 함께 하기에 충분한 전통 음료의 하나입니다. 오미자 국물로 해도 좋으나 오미자는 찬물에 우려야 하는 시간이 필요하기 때문에 꿀을 탄 물에 작은 떡을 녹말에 굴려 삶아 낸 경단을 넣어 먹습니다. 경단에 색을 넣으면 입뿐만 아니라 눈도 즐거운 즐길거리가 됩니다.

떡수단

재료(5인 분량)

경단 멥쌀가루 200g, 소금 2g, 물 50g, 녹두녹말 100g
꿀물 물 3컵, 꿀 50g

도구 볼, 중간체, 찜기, 계량스푼, 떡비닐, 스크래퍼, 냄비

보관 실온 1일

1 멥쌀가루에 소금을 넣고 섞어 체에 내린다.
2 체에 내린 멥쌀가루에 물을 넣고 찜통에 찐다.

TIP | 화채 국물에 색 있는 과일즙을 넣으면 다양한 색깔로 즐길 수 있습니다.

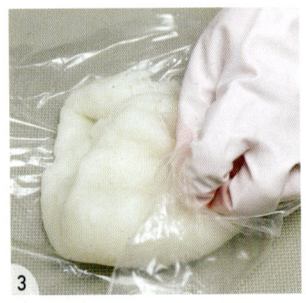

3 찐 떡을 기름칠한 비닐에 넣고 치대어 준다.
4 도마에 올려서 직경 1cm 정도가 되도록 밀어 가래떡을 만들고, 스크래퍼로 길이 1cm 정도로 동글게 썬다.
5 썬 떡은 다시 둥글게 빚어 녹말가루 묻히고 끓는 물에 삶는다.
6 삶은 떡을 찬물에 헹궈 물기를 뺀다.
7 차게 식힌 꿀물에 떡을 넣는다.

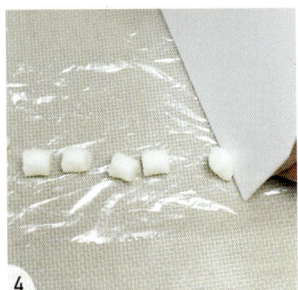

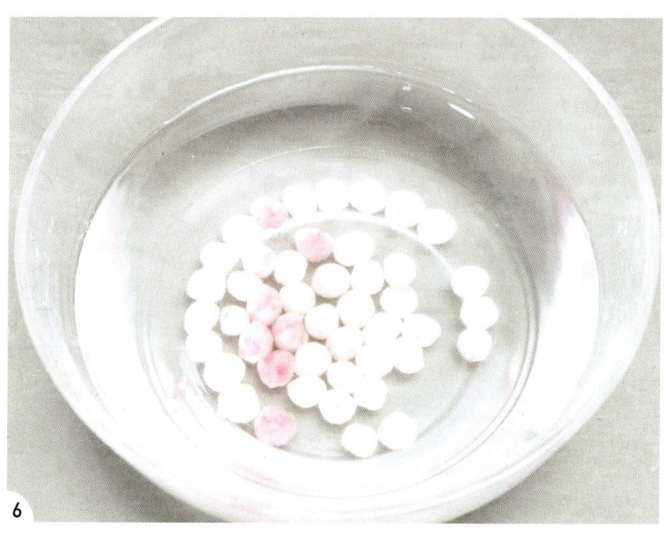

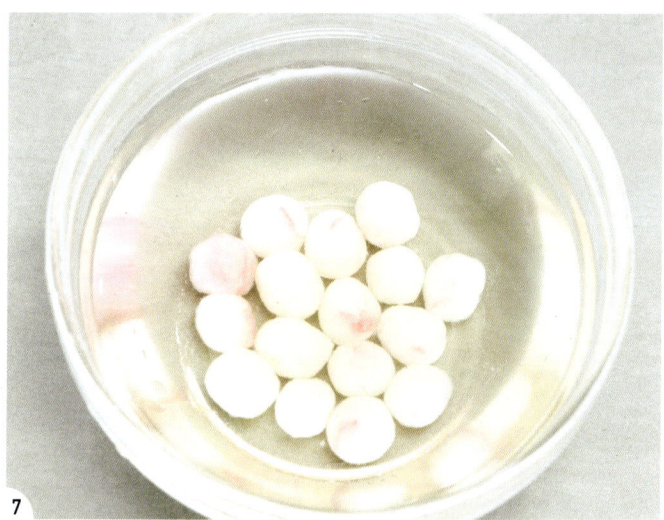

못생긴 과일을 모과라 하지만 차로 만들었을 때의 향과 맛은 못생김을 잊게 합니다. 모과의 성분은 목에 좋다고 알려져 있기도 하지만 특히나 비 오는 날 따뜻하게 마시면 몸도 마음도 개운해지는 것을 느낄 수 있습니다.

모과생강차

재료(20잔 분량)   모과 500g(2개), 생강 50g, 흰설탕 500g, 소금 3g

도구   칼, 도마, 볼, 유리병

보관   실온 6개월

1. 모과는 흐르는 물에 깨끗이 세척하고 생강은 껍질을 벗겨 속을 잘라 내어 준비한다.
2. 모과와 생강은 곱게 채를 쳐 둔다.
3. 모과와 생강을 넓은 볼에 넣고 설탕에 버무려 설탕을 녹여 준다.
4. 소독한 용기에 설탕에 버무린 모과와 생강을 꼭꼭 눌러 담아 주고, 2주 후 꺼내 2스푼 정도 찻잔에 넣고 물을 부어 마신다.

여성들이 몸을 생각하며 마시기 좋은 차입니다. 연하게 수시로 마시면 빈혈을 예방하고 혈액 순환에 좋다고 합니다.

여왕의 차

재료(1회 분량:물 1L) 당귀 2g, 백작약 2g, 천궁 2g, 숙지황 2g, 대추 2알, 물 1.5L

도구 칼, 도마, 궁중팬, 차주전자

보관 실온 1일, 냉장 3일

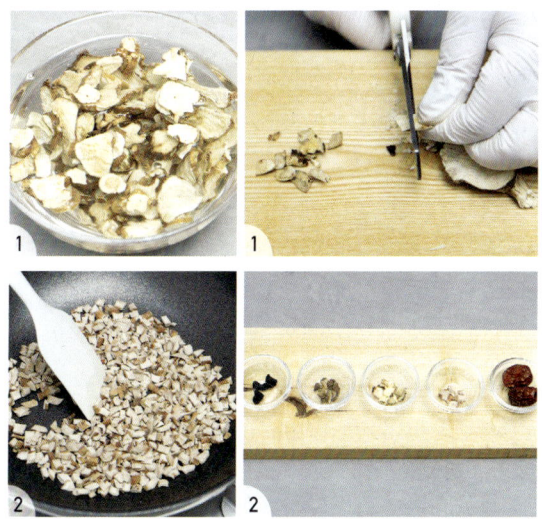

1. 대추는 세척해 놓고, 다른 재료들은 세척하여 잘게 잘라 준다.
2. 각 재료들을 각각 마른 팬에 볶아 수분을 날려 준다.
3. 재료들을 분량에 맞추어 주전자에 넣고 물 1.5L를 넣어 끓으면 약불로 줄여 10분 정도 두었다가 불을 끄고 수시로 차로 마시면 된다.

남성들의 기력에 도움을 줄 수 있는 차로 피곤한 저녁에 마시면 더 좋습니다.

황제의 차

재료(1회 분량:물 1L)   인삼 2g, 백출 2g, 백복령 2g, 감초 2g, 황기 2g, 물 1.5L

도구   칼, 도마, 궁중팬, 차주전자

보관   실온 1일, 냉장 3일

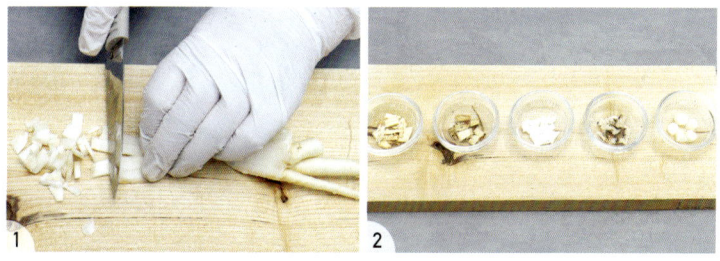

1 인삼은 세척하여 3mm 두께로 잘라 준다.
2 감초, 백출, 백복령, 황기는 가볍게 찬물에 세척해 준 다음 건조하여 재료를 준비한다.
3 분량의 재료들은 주전자에 물을 넣고 센불에서 끓이고, 끓기 시작하면 약불로 낮추어 10분 정도 더 은근히 끓여 완성하여 수시로 차로 마신다.

꽃도 아름답지만 음료로 즐겨도 그 향과 맛에 누구나 반하는 음료랍니다.
입안 가득히 퍼지는 향기는 물론이고 달고 상큼한 맛 또한 일품입니다.

장미꽃음료

재료(10잔 분량)　장미꽃잎 30g, 히비스커스꽃잎 1g, 레몬 50g,
　　　　　　　　설탕시럽(설탕 200g, 물 200g, 소금 한 꼬집) 300g

도구　　　　　　칼, 도마, 냄비, 유리병

보관　　　　　　냉장 1개월

설탕시럽 만들기

냄비에 물, 설탕, 소금을 넣고 불을 켜고, 설탕이 녹으면 중불로 낮추어 준다. 끓기 시작하면 3~5분 정도 끓인 후 불을 끈다.

TIP　완성 후 병마개는 조금 열어 둡니다. 가스가 차서 병이 터지거나 원액이 넘쳐흐를 수 있어요. 반드시 냉장 보관하세요.

장미꽃음료 만들기

1 병을 끓는 물에 소독해 둔다.
2 레몬은 깨끗이 세척하여 5mm 두께로 슬라이스해 둔다.
3 소독한 병에 장미꽃잎과 히비스커스꽃잎을 켜켜이 넣고 뜨거운 설탕시럽을 부어 완성한다.
4 뚜껑을 꽉 닫지 말고 5일 정도 지난 후 냉장 보관하고 탄산수나 생수에 희석해서 음료로 마신다.

3

4

5월의 흰 눈을 연상케 하는 하얀 아카시아꽃을 음료로 마실 수 있습니다. 아카시아 꿀의 달콤함과 은은한 향기는 누구나 좋아하지요. 여기에 배즙을 더하면 가벼운 몸살감기에도 효과가 좋다고 합니다.

아카시아꽃음료

재료(15잔 분량) 아카시아꽃 50g, 배즙 100g, 레몬슬라이스 30g, 설탕 130g, 설탕시럽(설탕 200g, 물 200g, 소금 한 꼬집) 200g

도구 핸드믹서, 손잡이체, 볼, 냄비, 유리병

보관 실온 2개월, 냉장 6개월

1 아카시아는 줄기를 제거하고 꽃만 따서 준비해 놓는다.

TIP | 생수나 탄산수에 원액을 2스푼 정도 넣어 따듯한 차나 찬 음료로 마실 수 있습니다.

2 배는 갈아서 체에 받쳐 즙을 받아 놓는다.
3 레몬은 세척하여 얇게 슬라이스하여 놓는다.
4 소독한 병에 아카시아꽃을 담고 배즙과 설탕을 넣고 저으며 설탕을 녹여 준다.
5 설탕이 다 녹으면 레몬과 설탕시럽을 부어 실온에 이틀 정도 보관하였다 냉장실로 옮겨 숙성 보관한다.

4

5

기존의 막걸리에 과일의 향과 맛, 색을 입혀 영양까지 함께 즐길 수 있는 막걸리입니다. 전통의 맛과 어울리는 익숙한 맛의 컬래버를 즐길 수 있답니다.

과일막걸리

재료(2L 분량) 찹쌀가루 400g, 멥쌀가루 400g, 누룩 180g, 효모 2g, 과일 300g, 물 1.6L

도구 밥솥, 넓은 쟁반, 볼, 유리병, 비닐랩, 고무줄, 면보, 이쑤시개

보관 냉장 1개월

1 쌀은 여러 번 깨끗이 씻은 후 5시간 정도 물에 불려 고두밥으로 찐다.
2 고두밥은 채반에 널어 충분히 식힌다.

TIP │ 처음부터 과일을 넣지 않고, 완성 후 걸러서 과일청을 혼합하여 마시면 다양한 과일 막걸리로 즐길 수 있어요.

3   누룩은 체에 한 번 걸러 물 한 컵을 풀어 둔다.
4   과일(블루베리)은 세척하여 물기 없이 준비해 둔다.
5   넓은 볼에 고두밥과 누룩, 효모, 과일, 물을 넣고 으깨어 섞은 후 소독한 병에 넣어 준다.
6   병 입구는 면보나 비닐로 막고 비닐에 바늘구멍 5~6개를 뚫은 후, 끈이나 고무줄로 묶어 준다.

7 3일 정도는 아침저녁 병을 흔들어 재료를 섞어 주며 20~25도 온도에 두고, 5~7일 정도 지나면 걸러서 마신다.

8 이때 과일의 빛깔이 연하면 과일청을 조금 섞어 희석하여 마시면 된다.

사과계피청을 만들어 거른 시럽에 차가운 탄산수와 얼음을 넣어 즐기는 에이드는 건강을 생각하며 마시는 음료로 어른과 아이 모두가 좋아할 만한 음료입니다. 특히 겨울철엔 따뜻한 물을 부어 마시면 더할 나위 없는 차이기도 합니다. 서양에서는 사과에 계핏가루를 뿌려 오븐에 구워 감기에 걸린 아이에게 먹이는 민간 처방으로 이용한다고 합니다.

사과계피에이드

재료(5잔 분량)　**사과계피청** 미니사과 500g, 황설탕 300g, 계피스틱 5개, 레몬 1개

도구　스테인리스 볼, 칼, 도마

보관　냉장 6개월

사과계피청 만들기

1　사과와 레몬을 슬라이스한다.

2 슬라이스한 사과와 레몬에 황설탕을 버무린다.
3 계피스틱을 넣어서 사흘 이상 숙성시킨다.

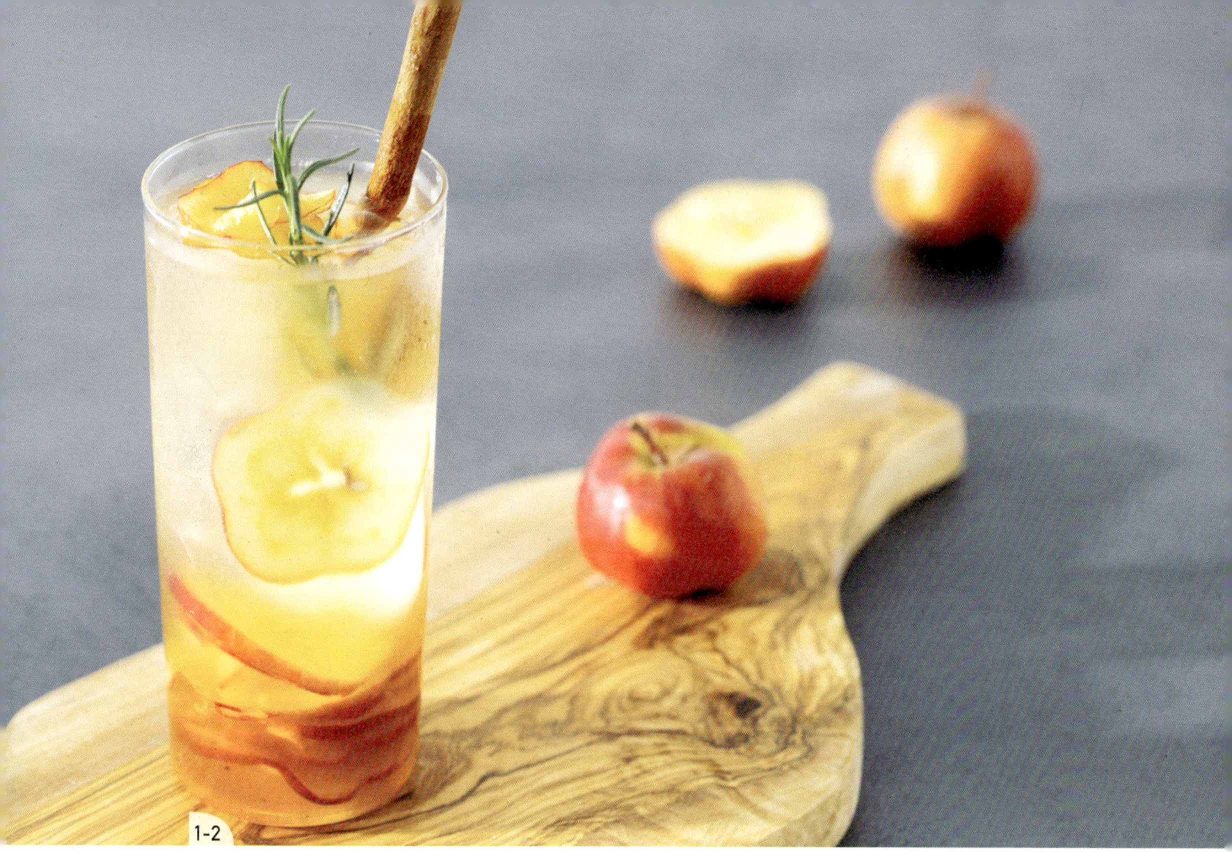

사과계피에이드 만들기

1. 컵에 사과계피청 50g을 담고 얼음을 넣은 후 탄산수 250ml를 부어 준다.
2. 로즈마리와 계피스틱을 올려 장식하고 먹을 때는 잘 저어서 먹는다.

입안을 상큼함으로 채워 줄 과실 음료로 시원하게 마셔도 좋고 따뜻하게 마셔도 좋습니다. 비타민이 풍부해 피곤할 때 더욱 그 진가를 발휘해 줄 음료랍니다.

유자에이드

재료(20잔 분량)   유자 1kg, 흰설탕 1kg, 소금 3g

도구   칼, 도마, 볼, 핸드믹서, 유리병

보관   냉장 1년

유자청 만들기

1 유자는 세척하여 껍질과 속을 분리하여 준다.
2 껍질은 채썰고 속은 씨를 제거하여 분쇄기에 갈아 준다.

3 넓은 볼에 채썬 유자껍질, 갈아 놓은 유자속을 담고 설탕, 소금을 넣고 저어서 녹여 준다.
4 소독한 병에 담아 뚜껑을 살짝 닫고 실온에 이틀 정도 두었다 냉장 보관한다.

유자에이드 만들기

1 준비한 잔에 얼음을 넣고 유자청 2큰술을 넣어 준다.
2 얼음과 유자청을 넣은 잔에 탄산수 200ml를 부어 준다.
3 허브로 장식하여 낸다.

이름처럼 하얀 음료로 쌀의 또 다른 변신입니다. 아이부터 어른까지 누구나 함께 즐길 수 있는 음료로 출출할 때 간단하게 마셔도 좋고, 연분홍 봄꽃 같은 체리분말을 뿌려 주면 봄바람에 휘날리는 벚꽃처럼 마시면서 마음도 설레는 음료랍니다.

백설라떼

재료(20잔 분량)	백설기 500g, 설탕 70g
도구	채반, 분쇄기, 우유거품기, 유리잔
보관(백설기가루)	밀폐용기에서 실온 6개월

설기가루 만들기

1 쌀가루를 준비해 백설기를 만들어 준다. (백설기 만들기는 이 책의 〈백설기〉 참조)
2 백설기를 듬성듬성 갈라서 채반에 넣어 건조시킨다.
3 건조된 백설기에 설탕을 첨가해 분쇄기에 갈아 준다.

백설라떼 만들기

1 우유를 200ml 데워 백설기가루 30g 정도를 넣고 저어 준다.
2 잔에 담고 우유거품을 내 올려 준다.
3 현미 플레이크로 토핑하여 장식한다.

2-3

응용

벚꽃라떼

재료(1잔 분량) 설기가루 20g, 체리분말 10g, 우유 250g, 설탕시럽 50g

도구 채반, 분쇄기, 우유거품기, 유리잔

보관 냉장 1일

1 설탕과 물을 같은 양 넣고 설탕시럽을 만들어 식혀 놓는다. (설탕시럽 만들기는 이 책의 〈장미꽃음료〉 참조)
2 우유를 반 나누어 거품을 낸다.
3 컵에 체리분말을 넣고 남은 우유를 넣고 저어준 후 설탕시럽을 넣어서 섞고 우유거품을 올려 준다.
4 우유거품 위에 체리분말을 조금 뿌려 장식한다.

Appendix

K-디저트 : 와인 페어링

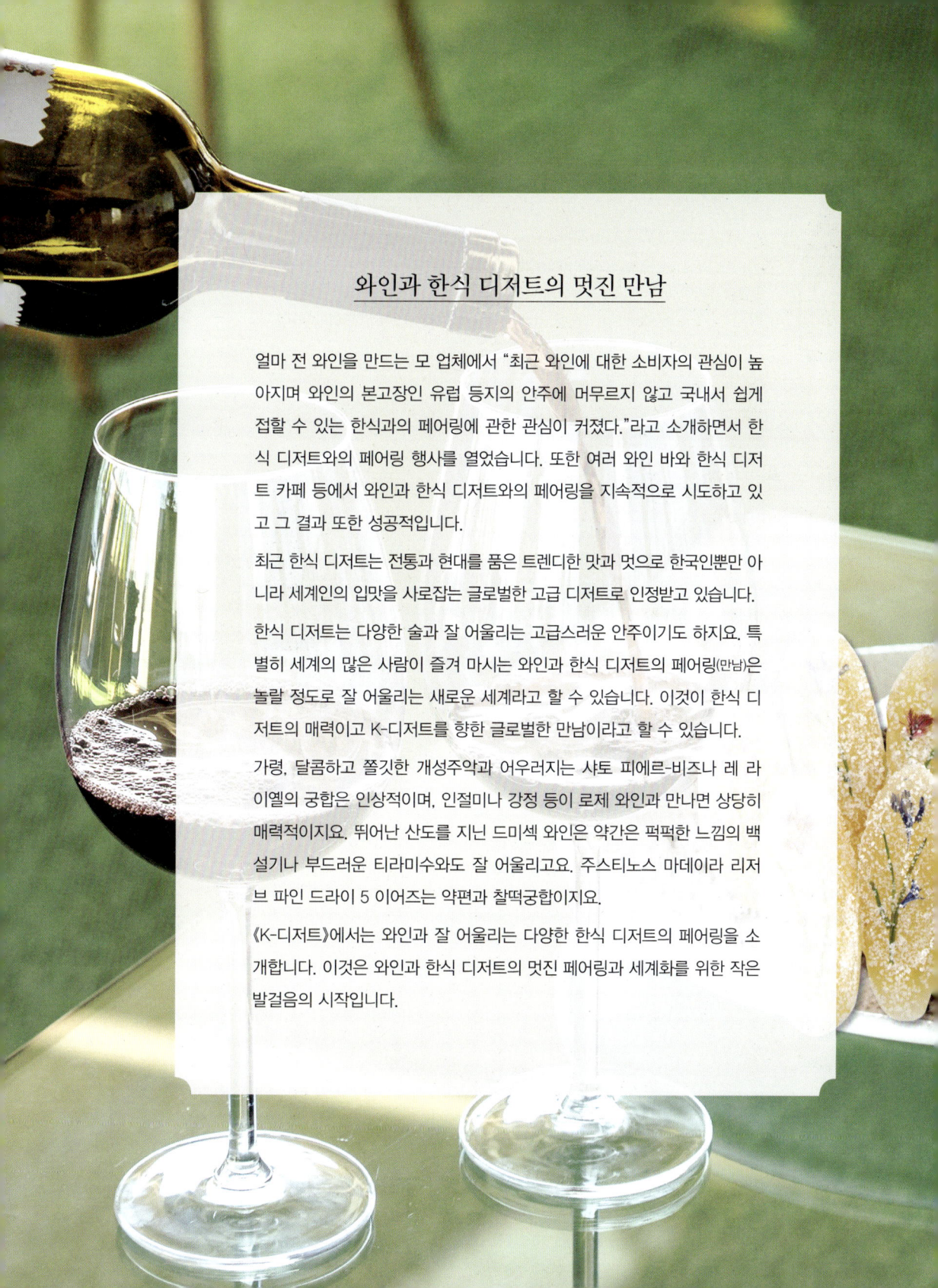

와인과 한식 디저트의 멋진 만남

얼마 전 와인을 만드는 모 업체에서 "최근 와인에 대한 소비자의 관심이 높아지며 와인의 본고장인 유럽 등지의 안주에 머무르지 않고 국내서 쉽게 접할 수 있는 한식과의 페어링에 관한 관심이 커졌다."라고 소개하면서 한식 디저트와의 페어링 행사를 열었습니다. 또한 여러 와인 바와 한식 디저트 카페 등에서 와인과 한식 디저트와의 페어링을 지속적으로 시도하고 있고 그 결과 또한 성공적입니다.

최근 한식 디저트는 전통과 현대를 품은 트렌디한 맛과 멋으로 한국인뿐만 아니라 세계인의 입맛을 사로잡는 글로벌한 고급 디저트로 인정받고 있습니다.

한식 디저트는 다양한 술과 잘 어울리는 고급스러운 안주이기도 하지요. 특별히 세계의 많은 사람이 즐겨 마시는 와인과 한식 디저트의 페어링(만남)은 놀랄 정도로 잘 어울리는 새로운 세계라고 할 수 있습니다. 이것이 한식 디저트의 매력이고 K-디저트를 향한 글로벌한 만남이라고 할 수 있습니다.

가령, 달콤하고 쫄깃한 개성주악과 어우러지는 샤토 피에르-비즈나 레 라이엘의 궁합은 인상적이며, 인절미나 강정 등이 로제 와인과 만나면 상당히 매력적이지요. 뛰어난 산도를 지닌 드미섹 와인은 약간은 퍽퍽한 느낌의 백설기나 부드러운 티라미수와도 잘 어울리고요. 주스티노스 마데이라 리저브 파인 드라이 5 이어즈는 약편과 찰떡궁합이지요.

《K-디저트》에서는 와인과 잘 어울리는 다양한 한식 디저트의 페어링을 소개합니다. 이것은 와인과 한식 디저트의 멋진 페어링과 세계화를 위한 작은 발걸음의 시작입니다.

백설기, 떡티라미수, 찜카스텔라 & 와인

도멘 위에Domaine Huet, 부브레 끌로 뒤 부흐 섹Vouvray Clos du Bourg Demi Sec

루아르 계곡Loire Valley 중부의 부브레Vouvray를 대표하는 와이너리인 도멘 위에Domaine Huet의 드미섹 와인으로 스모키와 열대 과일, 잘 익은 살구와 벌꿀 향이 지배적이며 패트롤과 스파이스, 꽃 향기가 은은하게 퍼진다.

뛰어난 산도와 미네랄리티를 가지고 있으며 약간의 잔당으로 당도의 여운이 이어진다. 퍽퍽한 느낌의 백설기나 부드럽고 크리미한 티라미수와도 잘 어울린다.

칡피찰떡, 퓨전유자단자, 금귤정과, 개성주악 & 와인

샤토 피에르-비즈Chateau Pierre-Bise, 꼬또 뒤 레이옹 로슈포르Coteaux du Layon Rochefort, 레 라이엘Les Rayelles

슈냉 블랑Chenin Blanc으로 만든 루아르 지방의 스위트와인이다. 오렌지와 귤, 유자와 같은 시트러스 잼과 꿀, 견과류의 풍미와 입안을 가득 메우는 풀보디Full bodied 텍스처를 가지고 있다.

무화과약식, 꽃산병, 카네이션앙금쿠키, 흑임자꽃다식, 파인애플구움과자 & 와인

도멘 데 베르나르댕Domaine des Bernardins, 뮈스까 봄 드 브니스Muscat de Beaumes-de-Venise

프랑스 론 지역에서 나오는 뱅 두 나뛰렐Vin doux Naturel로 수령 50년 이상 된 나무에서 재배하며 유기농법을 고수하는 와이너리다. 오렌지, 살구, 벌꿀, 리치의 과실 향과 꽃 향기가 두드러진다. 주정강화 와인이지만 알코올 도수가 15ABV로 부담 없이 즐길 수 있다.

단호박꿀설기, 곶감단지 & 와인

패트리셔스 토카이 Patricius Tokaji, **레이트 하베스트 카틴카**Late Harvest Katinka

고급 디저트 와인 생산지로 유명한 헝가리 토카이 지역에서 생산되는 와인이다. 헝가리를 대표하는 고유 포도 품종인 푸르민트Furmint에 11월까지 포도를 수확하지 않고 자연히 포도나무에 귀부 곰팡이*가 건조된 포도와 일부 귀부화된 포도를 블렌딩하여 만드는 토카이 레이트 하베스트 등급 와인이다. 벌꿀 향과 사과, 살구, 황도, 모과 향이 어우러져 있다.

*귀부 곰팡이(Noble Rot): 백포도의 껍질에 번식하는 곰팡이의 일종인 귀부균이 과실의 수분을 줄이고 당도를 높여 진한 맛과 향기를 더욱 풍부하게 한다.

흑당퐁당꿀떡, 붉은팥밤양갱, 커피곤약젤리 & 와인

도멘 필립 반델 막뱅 뒤 쥐라 Domaine philippe vandelle Macvin du Jura

쥐라 전체 와인의 4%를 차지하는 마크뱅Macvin 와인은 화이트와인을 만들면서 나온 껍질을 숙성시켜 포도즙과 블렌딩하여 만드는데, 서양배와 계피, 정향, 아니스의 향기가 풍부하며 마멀레이드와 과일잼과 같은 달콤한 느낌의 피니쉬를 가지고 있다. 6~8도 정도의 컨디션에 드시는 것을 추천한다.

약편 & 와인

주스티노스 마데이라 리저브 파인 드라이 5 이어즈
Justino's Madeira, Reserve Fine Dry 5 years

400년 전통 포르투갈 마데이라섬의 주정강화 와인으로 알코올 도수는 19도이다. 옅은 황금빛을 띠는 와인으로 견과류, 호두와 말린 감귤 향이 조화를 이루고 있으며 신선한 산도가 매력적인 와인이다. 최소 5년 동안 오크통에서 숙성 후 병입된다.

찹쌀브라우니, 초코퐁당찹쌀떡 & 와인

샤푸티에 바뉼스 뱅 두 나뛰렐 Chapoutier Banyuls Vin doux Naturel

바이오디나믹 농법으로만 와인을 생산하는 M. 샤푸티에르 M. Chapoutier의 주정강화 와인이다. 진한 가넷 컬러를 띠며 검붉은 과일, 다크초콜릿, 구운 과일 향이 오래 지속된다. 잘 익은 과일 향이 입안을 에워싸며 탄닌과 달콤한 피니쉬가 훌륭한 밸런스를 선보이는 와인이다.

감자찹쌀떡, 해시드포테이토쌀스콘 & 와인

카멜 로드 몬테레이 피노 누아 Carmel Road Monterey Pinot Noir

미국 캘리포니아산 와인으로 2016년 '대한민국 주류 대상' 신대륙 레드와인 부문 대상을 차지한 와인으로 맑은 루비의 빛깔과 체리, 레드커런트 등의 붉은 과일 향에 스파이시하고 가벼운 꽃 향기를 느낄 수 있으며, 가벼운 산도와 긴 여운이 있는 와인이다.

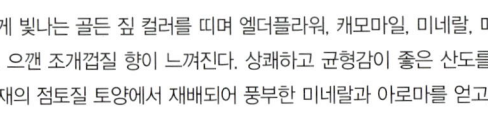

인삼편정과 & 와인

테사리 Tessari**, 그리셀라 소아베 클라시코** Grisela Soave Classico

밝게 빛나는 골든 짚 컬러를 띠며 엘더플라워, 캐모마일, 미네랄, 매실, 복숭아, 시트러스, 으깬 조개껍질 향이 느껴진다. 상쾌하고 균형감이 좋은 산도를 가진 와인이다. 화산재의 점토질 토양에서 재배되어 풍부한 미네랄과 아로마를 얻고, 수령 60~90년 포도나무에서 수확한다.

호두강정, 회오리깨강정 & 와인

디코이 멜롯 Decoy Merlot

미국산 와인으로 색은 밝고 진한 루비색이 돌고 자두나 블랙베리 등의 베리 향과 은은한 꽃 향기와 더불어 연유 향에 가벼운 탄닌과 산도가 있고 부드러운 단맛을 느낄 수 있다.

보자기찹쌀부꾸미 & 와인

칸티나 길랑 게브르츠트라미너 Cantina Girlan Gewurztraminer

서늘한 기후에서 잘 자라는 게브르츠트라미너 와인이다. 부드럽고 달콤한 꽃 향기와 꿀 향기에 상쾌하고 상큼한 허브 향이 느껴지는 절묘한 밸런스의 매력 만점, 개성 만점 화이트와인이다.

색편강, 파인애플구움과자 & 와인

토마스 쿠지네 Tomas Cusine, **아우젤** Auzells

아우젤은 스페인 카탈루냐 고어로 '새'라는 뜻이며, 레이블에도 새의 그림이 그려져 있다. 올드 바인에서 수확한 마카베오를 중심으로 리슬링, 소비뇽 블랑, 샤르도네, 알바리뇨까지 총 5가지 화이트 품종을 블렌딩했으며 다양한 품종이 조화롭게 만들어내는 화사한 풍미가 인상적이다. 레몬, 시트러스, 감귤류, 미네랄 풍미가 싱그러운 샐러드와 잘 어울린다.

퓨전약과 & 와인

모스카토 다스티 니볼레 Moscato d'Asti, Nivole

이탈리아어로 구름이라는 뜻을 가진 니볼레는 살구나 복숭아와 같은 잘 익은 강렬한 아로마가 허니서클, 재스민 등의 싱그러운 꽃향기와 함께 느껴지는 모스카토 와인. 허브류의 세이지 향과 부담스럽지 않은 탄산감, 과하지 않은 버블감, 파삭한 산미에 전혀 단조롭지 않은 맛을 느낄 수 있다.

쑥버무리, 큐브흑임자인절미 & 와인

블루 넌, 화이트 Blue Nun, White

달콤한 과일, 잘 익은 배, 구스베리, 카시스, 꿀, 마른 잔디 향이 어우러져 달콤하고 부드러운 풍미가 뛰어나다. 산뜻한 느낌의 푸른 병에 담긴 블루 넌 리바너는 라인강을 끼고 있는 아름다운 라인헤센 지역에서 생산된 포도로 만들어진다. 미디엄보디Medium bodied 화이트와인으로 너무 스위트하지 않고 풍부한 과일 향이 조화롭게 어우러진다. 단맛의 여운에 섞여 있는 미네랄 맛과 신선한 산미로 모든 음식과 잘 어울린다.